GOVERNANÇA CORPORATIVA NAS EMPRESAS FAMILIARES:

Sucessão e profissionalização

Domingos Ricca

Sheila Madrid Saad

GOVERNANÇA CORPORATIVA NAS EMPRESAS FAMILIARES: Sucessão e profissionalização

Domingos Ricca

Sheila Madrid Saad

Colaboradores

Thatiana Pecoraro Ricca

Roberto Barbosa Secco

Apoio

São Paulo – 2012

Editor: Fabio Humberg
Editora assistente: Cristina Bragato
Capa: João Carlos Porto, sobre foto de Nyul / dreamstime.com
Projeto gráfico: João Carlos Porto
Revisão: Renata Rocha Inforzato

Dados Internacionais de Catalogação na Publicação (CIP)
(Câmara Brasileira do Livro, SP, Brasil)

Ricca, Domingos
Governança corporativa nas empresas familiares : sucessão e profissionalização / Domingos Ricca, Sheila Madrid Saad ; (colaboradores) Thatiana Pecoraro Ricca, Roberto Barbosa Secco. -- São Paulo : CLA Editora, 2012.

Bibliografia.

1. Empresas familiares - Brasil 2. Empresas familiares - Sucessão 3. Governança corporativa 4. Mudança organizacional I. Saad, Sheila Madrid. II. Ricca, Thatiana Pecoraro. III. Secco, Roberto Barbosa. IV. Título.

12-12242 CDD-338.74

Índices para catálogo sistemático:
1. Empresas familiares : Sucessão : Economia 338.74
2. Sucessão : Empresas familiares : Economia 338.74

Grafia atualizada segundo o Acordo Ortográfico da Língua Portuguesa de 1990, que entrou em vigor no Brasil em 1º de janeiro de 2009.

Editora CLA Cultural Ltda.
Rua Coronel Jaime Americano 30 – sala 12
05351-060 – São Paulo – SP
Tel: (11) 3766-9015 – e-mail: editoracla@editoracla.com.br
www.editoracla.com.br

Sumário

Prefácio

A continuidade das empresas familiares pela sucessão dos sócios fundadores por seus herdeiros evoluiu com destaque no século passado nos países da Europa e nos Estados Unidos da América do Norte. Atualmente, em decorrência da influência da economia moderna e do desenvolvimento que ocorre nos países emergentes, como no Brasil, vamos ter neste século o surgimento de muitas empresas familiares brasileiras que poderão prosseguir por meio de seus sócios herdeiros, por várias gerações. O êxito dessa sucessão estará nas boas práticas de governança, daí a importância deste livro, que reflete o trabalho desenvolvido por Domingos Ricca junto às empresas familiares, ensinando e orientando sobre a melhor solução para os sócios herdeiros, na condição de sucessores das empresas, ministrando palestras, dando cursos e publicando seus trabalhos.

Conhecemos Domingos Ricca pelo seu trabalho como sócio-fundador da Ricca & Associados, empresa especializada em Governança Corporativa e Profissionalização de Empresas Familiares, informando sobre as práticas de Governança Corporativa, contribuindo com esse desempenho para uma sociedade mais justa e orientando a melhor decisão das organizações societárias, para sua continuidade por meio da sucessão dos sócios-fundadores pelos seus herdeiros.

Desde a Revolução Industrial aprendemos que a informação é fundamental no processo de continuidade e desenvolvimento das empresas, tendo se tornado essencial no final do século XX e neste limiar do século XXI, quando a informação passou para a era digital e o seu acesso ficou amplo, praticamente irrestrito e imediato, exigindo atenção e dedicação constantes dos gestores para questões estratégicas, comerciais, tecnológicas e de produção. Não menos essencial é a informação que deve ser recebida pelos sócios e acionistas da empresa, para avaliar seu desempenho e, principalmente, para orientar as decisões do Conselho de Administração, o que exige clareza e fidelidade nas informações, garantidas através das boas práticas da Governança Corporativa.

O livro também aborda a importância da implantação do processo de informação na empresa familiar, com ênfase sobre as informações que foram acumuladas ao longo da atividade dos sócios-fundadores, que formaram a equipe de trabalho e desenvolveram as respectivas empresas com sucesso, assim como os princípios, a ética, a história, as normas e conceitos familiares que, de uma forma ou outra, foram agregados ao dia a dia da empresa.

Sem fugir da realidade, Ricca também demonstra nesta obra as dificuldades e percalços enfrentados na implantação da Governança Corporativa numa empresa familiar, já que originalmente os sócios-fundadores não precisavam prestar contas de seus atos à sua equipe, pois tudo que faziam era no interesse do crescimento da empresa. É preciso vencer a resistência interna natural dos próprios sócios-gestores e funcionários das empresas, que encaram inicialmente a implantação da Governança não como uma ferramenta de gestão, mas como uma prestação de contas, como se houvesse desconfiança do trabalho que vinha sendo realizado, tendo por origem os hábitos que os sócios herdeiros praticavam no lar.

Não se esqueceu de tratar da necessidade de preparação de sócios herdeiros para a Governança Corporativa, abrangendo todos os processos de mudança de conduta dos sócios, que precisam aprender a entender os relatórios, agir de forma profissional e no interesse da empresa, devendo passar a seguir os princípios prioritários de entendimento e acordo de sócios nas sucessões, por meio das informações e regras que são as condições básicas para a continuidade de uma empresa estável e rendosa.

Destacamos a clareza do conteúdo didático deste 5º livro de Domingos Ricca, numa leitura fácil que descreve as empresas familiares por meio da origem genética dos sócios, sob o aspecto social e cultural, com ênfase na importância da Governança Corporativa para a continuidade das empresas e esclarecendo seus princípios fundamentais. Também comenta com detalhes a importante função de um Conselho de Administração, além das informações para a implantação de forma prática e eficiente de um projeto sucessório, objetivando a continuidade da empresa familiar.

Hugo Salomone
Presidente do Grupo Savoy

CAPÍTULO I
AS EMPRESAS FAMILIARES

As empresas familiares fazem parte do cenário econômico em todo o mundo e sua importância para a geração de emprego e renda é inegável. É inegável também que existem conflitos graves entre gerações e herdeiros, que podem desencadear um processo de degeneração organizacional, levando à mortalidade prematura. A questão premente que se coloca é como perpetuar as organizações de natureza familiar. Para responder, é necessário entender as características e o contexto inerentes às empresas familiares.

Considerada como forma predominante de empresa em todo mundo, a empresa familiar ocupa uma grande parte do nosso tecido econômico e social. Representando parte significativa do conjunto das empresas privadas existentes no país e no mundo, uma das maiores preocupações de seus dirigentes é a sobrevivência dessas organizações. Fazer com que um empreendimento empresarial tenha sucesso e continuidade passando de pai para filho é o sonho dourado para grande parte da população mundial.

Responsáveis por 60% da oferta de empregos no Brasil e por 48% da produção nacional, as empresas de menor porte assumem, hoje, importância crucial no desenvolvimento econômico. A própria economia do Brasil baseia-se em grandes grupos de propriedade familiar. Foi detectado que a pequena e média empresa familiar, no Brasil, produz dois milhões de empregos diretos e é o segmento que mais cresce no país (Gueiros: 1998).

É internacionalmente aceito que o conceito de empresa familiar congrega três grandes vertentes:

- Propriedade – o controle da empresa encontra-se nas mãos de uma família (que detém ou controla a maioria do capital);
- Gestão – os lugares de topo da empresa são ocupados pelos membros da família;
- Sucessão – a segunda geração familiar assume os lugares deixados vagos pelos parentes e assim sucessivamente.

Segundo Ulrich (1997), o conceito de empresa familiar agregado à propriedade tem um sentido amplo, no qual a empresa familiar se define como uma empresa cuja propriedade e administração – no sentido do controle sobre as decisões operativas – estão nas mãos de uma ou mais pessoas da família. O elemento central dessa definição é a ideia de que a firma é controlada por membros de uma só família, porventura ampliada.

Gaj (1990) e Lodi (1993) nos oferecem seus conceitos de empresa familiar agregados à sucessão. Quando se refere às empresas familiares, Gaj (1990, p. 182) as conceitua como "aquelas com capital aberto ou fechado, que foram iniciadas por um membro da família que as passou ou tem intenção de passar a um herdeiro direto ou parente por casamento". O conceito de empresa familiar, segundo Lodi (1993, p.6), emerge, em geral, com a segunda geração de dirigentes e pode ser definido como "aquela empresa em que a consideração da sucessão da diretoria está ligada ao fator hereditário e onde os valores institucionais da firma identificam-se com um sobrenome de família ou com a figura de um fundador".

Leone (1992) trabalha seu conceito de empresa familiar agregando as três vertentes. A autora caracteriza a empresa familiar pela observação dos seguintes fatos:

- Iniciada por um membro da família;
- Membros da família participando da propriedade e/ou direção;
- Valores institucionais identificando-se com um sobrenome de família ou com a figura do fundador e sucessão ligada ao fator hereditário.

Embora a condição de empresa familiar não esteja, necessariamente, ligada ao porte da empresa, a utilização em larga escala da mão de obra familiar é uma das principais características das pequenas e médias empresas (PMEs).

Para a maior parte das pessoas, as duas coisas mais importantes em suas vidas são sua família e seu trabalho. Conclui-se que é fácil compreender o poder desse tipo de organização, uma vez que os elementos se combinam. Quando os dirigentes são parentes, suas tradições, seus valores e suas prioridades brotam de uma fonte comum.

Os herdeiros precisam compreender e incorporar cada uma dessas características para dar continuidade ao modelo de gestão consolidado.

A imagem da empresa familiar é baseada em quatro pilares, adotados pelo fundador no início do negócio. São eles:

- Palavra / Credibilidade
- Perseverança
- Carisma / Liderança
- Cultura

No início, a palavra é tudo que o fundador possui como forma de garantia, ou seja, toda a sua credibilidade fica pautada pela concretização de suas ações. Se o sucessor estiver consciente da força que sua palavra tem, a confiança que os clientes possuem em relação ao dono também será transmitida a ele.

Além disso, é preciso que a segunda geração conheça a trajetória de vida do fundador, a fim de compreender a importância da sua perseverança e do seu esforço no desenvolvimento da empresa. Os herdeiros que sabem das dificuldades enfrentadas tendem a valorizar mais o negócio.

A liderança e o carisma são as únicas características que o fundador não consegue transmitir aos seus herdeiros, pois a personalidade é formada a partir de suas próprias conquistas. Além de apresentar a capacidade necessária para assumir a gestão da empresa, o sucessor precisa possuir e transmitir os valores que simbolizam a organização.

A palavra, a credibilidade, a perseverança, a liderança e o carisma foram os pilares de apoio na formação e expansão do negócio, sendo também a base da cultura empresarial.

Se, ao assumir a gestão, o herdeiro desconsiderar todo o trabalho já realizado, acreditando que pode renovar, isso poderá ser o motivo do fracasso da empresa. Certamente, a segunda geração também possui experiências para acrescentar ao empreendimento. No entanto, é preciso conciliar a implantação de inovações, que irão gerar novas oportunidades, com a perpetuação da imagem positiva da empresa, construída pelo fundador por meio de seus quatro pilares.

Com o processo sucessório, toda a cultura organizacional deve ser compreendida e colocada em prática pelos sucessores, de maneira a perpetuar a postura que a empresa assume diante de funcionários, do mercado e da comunidade. Para tanto, é necessário desenvolver uma comunicação eficaz, que apresente reiteradamente, às novas gerações e a todos aqueles que estão inseridos no contexto organizacional, quais são as bases que solidificaram o negócio.

A partir da uniformização de linguagem e da assimilação dos valores do fundador, torna-se mais favorável o relacionamento entre familiares.

Recomenda-se esquematizar muito bem o sistema de comunicação familiar, que provavelmente funcionará em vários níveis. Uma sugestão é a criação do Conselho de Família, que incluirá todos os membros da geração que estejam no poder.

Quando um membro dessa geração já não estiver na empresa, será representado por um de seus filhos, escolhido por seus irmãos. O Conselho, frequentemente muito numeroso, não existe para gerir a empresa ou empresas do grupo. Existe para se informar e para tomar grandes decisões, como a compra ou venda de empresas, ou a escolha do sucessor. O Conselho de Família também escolherá os representantes da família no Conselho de Administração de cada empresa do grupo, e este conselho é que cuidará da gestão da empresa.

Essa separação entre família e gestão é fundamental. O Conselho de Família é família, enquanto o conselho de administração é gestão.

Do Conselho de Administração devem fazer parte somente os membros da família que entendam do negócio, além de, se possível, alguns membros externos, que, como veremos no capítulo sobre o Conselho, têm muito a acrescentar.

Quando se misturam relações afetivas de família com a gestão da empresa podem sobrevir decisões erradas. É comum um herdeiro de empresa, principalmente se não entende do negócio, tomar atitudes incoerentes ou inadequadas. Essas posições, se prevalecerem, acabam com qualquer empresa, porque inviabilizam sua adaptação ao mercado. Daí a necessidade da separação. Esse filho ou filha pode discutir no Conselho de Família, mas não deve interferir na tomada de decisões da empresa.

É importante ressaltar que a Lei das Sociedades Anônimas, nos anos

1970, trouxe muitos fatores de modernização às empresas. Um deles foi a divulgação de algo que já era comum nos países desenvolvidos: o acordo de acionistas. O acordo de acionistas é uma peça formal que, uma vez assinado, tem força legal. Se a companhia for de capital aberto, o acordo deverá ser registrado na Comissão de Valores Mobiliários, a CVM, e passa a ser de conhecimento público.

Um acordo de acionistas/cotistas bem realizado tenta prever tudo ou quase tudo que possa afetar o relacionamento entre eles, e preestabelece regras para resolver conflitos e problemas que possam surgir. Os pontos básicos de um acordo devem ser negociados pelos acionistas/cotistas entre si, possivelmente com a assessoria de um especialista. Porém, a redação final deve ser entregue a um advogado com sólido conhecimento em direito sucessório, para não haver falhas ou omissões.

Uma coisa comum nesses acordos é a questão do direito de preferência, no caso de um acionista/cotista querer vender suas ações. Geralmente, o acordo definirá que o interessado em vender, antes de oferecer as ações a estranhos, deverá fazê-lo primeiro aos demais acionistas, dando-lhes um prazo razoável para decidirem.

Outro item comum é a questão do preenchimento dos cargos de diretoria. O acordo pode prever que cada grupo acionário tem o direito de indicar este ou aquele diretor; ou pode, ao contrário, dizer que a diretoria será preenchida por profissionais recrutados no mercado de trabalho e que não tenham vínculo com nenhum dos acionistas/cotistas.

Ainda podem ser previstas maneiras de dar liquidez a acionistas que queiram sair, regras para determinar preço e condições de compra de ações no caso de divergências entre sócios, além de diversas outras questões.

Quando a empresa possuir muitos sócios, o acordo de família, que será mantido em sigilo, abordará tanto as questões que envolvem o funcionamento dos conselhos de família e de administração das empresas do grupo, quanto as regras para a sucessão e para o ingresso de jovens da família na empresa.

Para que possamos assimilar todos os fatores que envolvem a dinâmica e a perpetuação dos negócios de família, é necessário iniciar nossa jornada pela perspectiva dos envolvidos no processo, o que permitirá que as empresas familiares tenham maior longevidade.

Perpetuação dos negócios da família

O fundador cria uma empresa a partir de um sonho pessoal e chega ao fim da vida com dificuldade de compartilhar os seus valores e sonhos com a segunda geração.

Os sonhos da segunda geração precisam ser fruto da trajetória de vida dos herdeiros e ter como base os contornos familiares. Para isso é necessário que aquele que assumir o comando da família encarne os valores que a segunda geração descobre na primeira.

O filho que assumir a gestão da empresa deverá representar mais claramente os valores da família, que normalmente são: trabalho duro, comprometimento com o sucesso do negócio, disposição para se sacrificar pelo cliente e confiança dos familiares. A tarefa do fundador é desenvolver uma ideologia estável e coerente. Essa é a base para a construção de uma sólida hierarquia de valores que nortearão as gerações futuras.

Alguns empreendedores se frustram por não conseguirem repassar seus sonhos e projetos para seus herdeiros. Assim, a passagem da gestão de uma geração para outra não trará o contorno de continuidade idealizado pelo fundador.

Com frequência a segunda geração produz um negócio de cultura fraca, ou seja, objetivos pessoais, lealdades divididas e motivação baseada em dinheiro.

Uma liderança individualista e arrogante, que não considera as expectativas dos demais membros do grupo, fracassa ao tentar substituir o fundador. Muitos se esquecem de que a cultura da família será o fator determinante das forças e fraquezas que permeiam o negócio, sendo mais impactante que as forças do mercado. A descoberta e a afirmação dos valores da família são os pontos fundamentais que sustentam e solidificam um negócio longevo. Famílias fortes criam empresas fortes.

A hereditariedade não é uma razão para se pertencer a uma empresa familiar. Os valores comuns vêm em primeiro lugar.

A necessidade de um código de ética

Conflitos entre sócios nascem no núcleo de cada grupo familiar. Não é a deterioração da situação financeira da firma nem a conjuntura do país que dão origem aos conflitos: é o comportamento ético entre os indivíduos.

Existem instrumentos legais que regem as relações entre os sócios, definidos nos acordos societários. Porém, a estabilidade e permanência de boas relações dependem de se buscar constantemente meios de elevar o nível ético das relações entre irmãos, parentes, sócios e colegas da profissão.

Um dos pontos cruciais é a identificação dos conflitos de interesse e dos abusos por meio de um código de ética. Outro ponto a se considerar é encontrar oportunidade em reuniões do conselho e da diretoria para alargar a consciência dessas relações e exercitar a doutrinação nessa área.

Os mal-entendidos não surgem somente da vaidade e da ganância, mas da falta de cuidado com as relações humanas. O instinto para se levar vantagem nas diversas situações cotidianas pode levar à degeneração das relações familiares e deterioração da sustentação organizacional. Para que ações consciente ou inconscientemente danosas não desajustem a empresa, é necessário agir preventivamente. Essa é a melhor política, pois nas relações entre sócios não basta "ser de confiança", é preciso "ter confiança".

Lodi (1993, p. 137) define um rol de questões que servem de parâmetro para o desenvolvimento de um código de ética que norteará as relações entre parentes, a saber:

- **Compromisso com a continuidade da empresa:** respeitar a integridade da empresa e zelar para que ela supere suas crises, especialmente quando a família se encontra numa encruzilhada;
- **Prioridade do interesse da empresa sobre o interesse pessoal:** colocar a empresa em primeiro lugar sobre a família e os interesses individuais. Priorizar o trabalho sobre o conforto, o coletivo sobre o individual.

- **Harmonia e união da família:** procurar continuamente investir nas forças que mantêm a família unida. Desavenças passadas entre dirigentes das famílias não devem continuar na geração atual;

- **Boas relações humanas dentro da família:** procurar praticar a sinceridade, a justiça, o respeito humano, o consenso, a capacidade de ouvir e de harmonizar;

- **Comprometimento com a excelência:** elevar constantemente o nível do desempenho pessoal e coletivo em benefício do grupo familiar. Colaborar para que a empresa esteja sempre voltada para a excelência de desempenho;

- **Não ingerência na linha hierárquica:** evitar ordens ou sugestões a funcionários subordinados a outros chefes, a fim de manter sempre respeito pela cadeia do comando;

- **Identificar e reforçar os valores da família:** procurar os traços positivos da cultura da família e construir sobre eles. Exemplo: determinação, disciplina, criatividade, atualização, trabalho, sentido de equipe, honestidade, sinceridade, objetividade, racionalidade etc.;

- **Compromisso com a profissionalização:** separar os direitos de acionista/cotista (a serem tratados em foro próprio) dos direitos e deveres dos administradores. Adotar um comportamento totalmente profissional dentro da empresa. Respeitar e fazer respeitar a autoridade e responsabilidade dos profissionais, procurando prestigiá-los;

- **Saber lidar com o comportamento político das pessoas:** adotar uma postura esclarecida diante da política interna no que se refere a boatos, favoritismo, articulações, feudos, defesa de território, interesses pessoais, intolerâncias, discriminações, preconceitos, busca de bodes expiatórios, perseguições, resistência a mudanças, tentativas de desestabilização de pessoas;

- **Manter um clima de respeito e orgulho profissional e familiar:** manter um clima positivo reforçando os pontos fortes das pessoas e da organização, deixando as críticas para momentos e foros apropriados. Evitar a maledicência, isto é, não falar mal de membros da família e da administração, principalmente junto a terceiros ou fora da empresa. Não levar para reuniões as discussões ou desavenças que possam ser resolvidas a dois;

- **Ética do dinheiro:** tomar especial cuidado ao lidar com dinheiro e valores patrimoniais da sociedade. Atenção especial ao tratar com reembolso de despesas pessoais, retiradas e adiantamentos, compras para uso pessoal;

- **Respeito pelo ser humano e atitude contra preconceitos:** colocar-se contra qualquer forma de discriminação social, racial, religiosa ou política, procurando colocar a justiça social acima de qualquer preconceito.

O mesmo autor elenca alguns subsídios para um código de ética, que são:

- **Despesas de viagem e verbas de representação:** evitar o abuso de despesas de viagens, hotéis, despesas com acompanhantes, mesmo a serviço da companhia. Procurar um estrito enquadramento nas normas da empresa. Havendo vários graus ou categorias de despesas, evitar enquadrar-se em categoria superior ao próprio cargo;

- **Despesas pessoais:** despesas de interesse pessoal não autorizadas ou fora das normas não podem ser transferidas para o caixa da empresa. Notas fiscais ou avisos de pagamento não podem ser endereçados para a Tesouraria. Fornecedores não podem procurar funcionários da empresa para acertos de despesas pessoais de familiares. A documentação dos serviços autorizados deve estar correta e sem rasuras;

- **Negócios pessoais dentro do escritório da empresa:** evitar a realização de negócios pessoais no escritório da companhia durante o horário de expediente. Exemplo: compra de matérias-primas ou insumos para empresas particulares. Outro exemplo é o desvio de equipamentos ou bens de produção da companhia para a prestação de serviços particulares nas residências ou nas empresas pessoais dos sócios. Exemplo: seguranças, garçons, pessoal da manutenção doméstica;

- **Uso de crédito pessoal ou horário da empresa:** evitar a compra ou venda de bens pessoais usando crédito pessoal ou horário da companhia. Evitar sair em horários de expediente para atender a interesses pessoais sem expressa autorização. Evitar realizar negócios pessoais com funcionários da empresa, usando o *status* de membro da família;

- **Viagens a serviço particular:** não permitir a coincidência de negócios pessoais quando viajando a serviço da companhia. Evitar simular viagens para atender a interesse pessoal;
- **Situação de fornecedor ou cliente da empresa:** suspender definitivamente qualquer transação comercial entre o sócio e suas empresas particulares com a companhia, seja de fornecimento, distribuição, compra ou venda. As que forem de interesse da sociedade deverão ser aprovadas em reunião de diretoria, na qual o sócio interessado não deverá votar. Evitar ser fornecedor ou cliente da empresa sem autorização. Evitar colocar outros familiares de fora da empresa na situação de fornecedor ou cliente;
- **Situação de concorrência:** impedir qualquer atividade que favoreça o sócio e um concorrente, seja através de participação societária particular em firma concorrente, seja por meio de qualquer tipo de comissionamento por assessoria a terceiros que prestam serviço para a empresa;
- **Recebimento de comissão:** o familiar não pode receber comissão ou qualquer favorecimento de fornecedor ou cliente da sociedade, ou em qualquer transação comercial a serviço da empresa;
- **Direito de primeira recusa:** negócios que chegam ao conhecimento de um dos sócios, diretores ou conselheiros devem ser primeiro oferecidos à sociedade e só depois do desinteresse dos demais sócios podem ser assumidos particularmente;
- **Brindes e cortesias:** mesmo aprovada a política de brindes e cortesias, a autorização deve envolver sempre dois diretores;
- **Respeito pelos dirigentes da empresa:** manter o respeito pela imagem e autoridade do presidente e dos diretores. Não expressar opiniões negativas sobre os colegas de diretoria junto a funcionários ou a públicos externos. Controlar a origem de boatos depreciativos que se iniciam no interior da companhia. Controlar os "desabafos" pessoais;

- **Quebra de hierarquia:** evitar dar ordens a funcionários que estejam subordinados a outros colegas de diretoria. Evitar semear desconfiança ou prejudicar a credibilidade dos colegas de diretoria. Respeitar a hierarquia;

- **Situação de porta-voz da empresa:** cuidado na representação externa (junto a autoridades e associações de classe) para não ferir a suscetibilidade ou a autoridade dos colegas de diretoria. Especial cuidado nas entrevistas à imprensa, na divulgação de fotos ou informações pessoais que possam criar ressentimento nos sócios e parentes. Da mesma forma nos contatos com autoridades e nos acordos comerciais. Definir com clareza quem fala com cada público externo;

- **Respeito para com a sociedade:** transmitir aos parentes e sucessores diretos a mesma atitude de respeito para com a sociedade e para com os colegas do conselho e da diretoria. Ao constituir empresas para membros de sua família, verificar a ausência de conflitos de interesse com a companhia.

Podemos resumir seus conceitos centrais em duas lições, que envolvem tanto as empresas familiares que estão se aproximando de suas metas, como outras que estão lutando para superar seus temores:

- Características e formas de organização da empresa familiar se configuram em função de interesses mútuos, tanto em termos de políticas estabelecidas, como em relação aos propósitos da família.

- Os laços familiares são pré-requisitos que influenciam o direito a sucessão nos cargos de direção. Porém, há um fator que não se pode desprezar, que são as condições determinadas pelo mercado, sendo consideradas como variáveis ambientais de relevância à consecução de resultados por parte da empresa.

A estabilidade e a harmonia no relacionamento familiar e na sua interseção de interesses de longo prazo permitirão o equilíbrio entre os interesses individuais e os da empresa.

Duas questões podem fazer com que as empresas familiares sobrevivam e se mantenham saudáveis por longo prazo:

- A empresa deve ser tratada como empresa, sem fazer aflorar nas suas dependências conversas e discussões inerentes à família. A família deve estar restrita ao âmbito familiar e ser tratada como família, sem que haja a interferência de problemas profissionais, pois isso poderá dissolver a solidez dessa relação. A propriedade deve ser respeitada, uma vez que conflitos sérios que possam rachar a família também podem fragmentar o patrimônio que levou muito tempo e esforço para ser construído;
- As mudanças sempre ocorrem. Entendendo isso, é possível observar que a empresa de ontem pode não se adaptar ao mercado atual. Implementar valores e uma mentalidade desenvolvimentista faz com que as pessoas sejam mais flexíveis a variáveis internas e externas e mantenham um grau de adaptabilidade crucial para a perpetuação dos negócios.

Sem dúvida, o empreendimento familiar representa o tipo de empreendimento mais duradouro que existe. Segundo O'Hara e Mandel, "Antes das corporações multinacionais, havia a empresa familiar. Antes da Revolução Industrial, havia a empresa familiar. Antes da contribuição da Grécia e do Império Romano, havia a empresa familiar".

A seguir apresentaremos as empresas familiares mais antigas do mundo. São casos raros em que houve um vínculo entre família e organização, de maneira a garantir a perpetuação dos negócios.

Conheça as 30 empresas familiares mais antigas do planeta

• **Kongo Gumi** – Japão
Atividade: Construção
Fundação: 578
Está na 40ª geração
Na Internet: www.kongogumi.co.jp
O príncipe Shotoku trouxe da Coreia membros da família Kongo para o Japão há mais de 1.400 anos para construir o templo budista Shitennoji, que existe até hoje. Por muitos séculos, a Kongo Gumi participou de várias construções famosas, inclusive do castelo de Osaka no século XVI. Até recentemente a família continuava a construir e reformar templos religiosos. Infelizmente a empresa encerrou suas atividades em 2007. Consta aqui apenas como referência porque, ao que tudo indica, é a mais antiga do mundo que chegou até os dias de hoje.

• **Houshi Ryokan** – Japão
Atividade: Hospedagem
Fundação: 718
Está na 46ª geração
Na Internet: www.ho-shi.co.jp/jiten/Houshi_E/
De acordo com a lenda, a divindade da Montanha Hakusan falou em sonho com um monge para revelar que havia uma fonte de águas termais curativas numa vila próxima chamada Awazu. A fonte de água quente foi encontrada e o monge pediu que a família Houshi construísse e administrasse um spa neste local. Esse hotel tem hoje a capacidade de receber cerca de 450 pessoas.

• **Château de Goulaine** – França
Atividade: Vinhedo, museu e coleção de borboletas
Fundação: 1000
Na Internet: chateau.goulaine.online.fr
A família Goulaine administra esse estabelecimento há mais de 1.000 anos. O castelo, além do museu, disponibiliza uma coleção de borboletas raras e organiza vários eventos, inclusive casamentos. O vinho pode ser adquirido nos vinhedos do castelo.

• **Fonderia Pontificia Marinelli** – Itália
Atividade: Fundição
Fundação: 1000

Na Internet: www.campanemarinelli.com
Essa fundição de sinos foi estabelecida em Agnore, na Itália, no ano 1000. Os administradores dessa empresa ainda aplicam as mesmas técnicas, que utilizam cera, usadas pelos fundadores da firma (um "sino falso" de cera é recoberto com metal). O empreendimento familiar atualmente emprega 20 pessoas, entre elas 5 membros da família Marinelli. Atualmente a empresa é administrada por Pasquale Marinelli. Em 1997 a firma abriu um museu onde é mostrado o trabalho de um irmão de Pasquale, o escultor italiano Ettore Marinelli.

• **Barone Ricasoli** – Itália
Atividade: Vinhos e azeite de oliva
Fundação: 1141
Na Internet: www.ricasoli.it
Fundada em Siena, na Itália. As primeiras terras foram doadas aos barões Ricasoli pela República de Florença no século XII. Hoje a propriedade tem mais de 14 km^2.

• **Barovier & Toso** – Itália
Atividade: Vidros
Fundação: 1295
Está na 20ª geração
Na Internet: www.barovier.com
Durante séculos a família Barovier produz vidro cristalino, vidro madrepérola e vermelho corneliano isento de ouro na Ilha de Murano, a poucos minutos de distância de Veneza pelo *ferry-boat*. Em 1936 os Baroviers fizeram uma fusão com a família Toso, também fabricantes de vidro em Murano.

• **Hotel Pilgrim Haus** – Alemanha
Atividade: Hotelaria
Fundação: 1304
Na Internet: www.pilgrimhaus.de
O Hotel Pilgrim Haus é dirigido pela família Andernach em Soest, cidade localizada a 180 km ao norte de Frankfurt.

• **Richard de Bas** – França
Atividade: Papel
Fundação: 1326
Na Internet: www.richarddebas.fr
Richard de Bas tem uma longa reputação em papéis de alta qualidade. A empresa, localizada em Amvert d'Auvergne, França, já forneceu papel

para edições limitadas de Braque e Picasso.

• **Torrini Firenze** – Itália
Atividade: Ourivesaria
Fundação: 1369
Na Internet: www.torrini.com
Jacopus Turini iniciou o empreendimento, hoje localizado em Florença. O bem mais valioso da família talvez seja o processo secreto e exclusivo de manufatura do "Oro Nativo", um método de trabalhar o ouro preservando sua cor mais natural.

• **Antinori** – Itália
Atividade: Vinícola
Fundação: 1385
Está na 26ª geração
Na Internet: www.antinori.it
A família Antinori está no negócio do vinho desde que Giovanni di Piero Antinori se filiou à Associação Florentina de Vinicultores há mais de 600 anos. Marchese Piero Antinori e suas três filhas supervisionam um sistema internacional de vinícolas na Itália, EUA, Hungria, Malta e Chile, que continua sendo reconhecido pelos consumidores e especialistas pela qualidade superior de Chiantis e outras vindimas. A empresa fica num palácio em Florença.

• **Camuffo** – Itália
Atividade: Construção naval
Fundação: 1438
Está na 18ª geração
O empreendimento começou em Khanià, um porto veneziano na ilha de Creta. Foi fundado por um homem conhecido como "Camuffi", cujo nome real era El Ham Muftiì. A família forneceu embarcações para Mohammed Segundo, República de Veneza, Napoleão, Império Habsburgo e Real Marinha Italiana. Especialistas chamam as embarcações Camuffo de "Stradivarius dos mares".

• **Baronnie de Coussergues** – França
Atividade: Vinícola
Fundação: 1495
Está na 16ª geração
Na Internet: www.henokiens.com/index_baronnie_gb.php
Quando o rei Charles VIII começou a vender propriedades reais na França para cobrir algumas de suas despesas, Pierre Raymond de

Sarret adquiriu a propriedade conhecida como Coussergues. Hoje os vinhedos produzem uma grande variedade de vinhos. A família vende 1,5 milhão de garrafas de vinho por ano na França e outros países e já ganhou numerosas medalhas de ouro pelos seus produtos.

• **Grazia Deruta** – Itália
Atividade: Cerâmica
Fundação: 1500
A empresa produz majolica, um tipo especial de cerâmica que data do século XIII. O atual dirigente, Ubaldo Grazia, expandiu os negócios da empresa entrando no mercado americano e produziu três desenhos exclusivos para Henri Bendel. Grazia também fez trabalhos para outras lojas de departamentos e marcas, como Neiman-Marcus e Tiffany.

• **Fabbrica D'Armi Pietro Beretta S.p.A.** – Itália
Atividade: Armas de fogo
Fundação: 1526
Está na 14ª geração
Na Internet: www.beretta.it
A qualidade das armas do fundador Bartolomeo Beretta acabou chamando a atenção de Hollywood: suas armas aparecem em vários filmes, inclusive na série James Bond. A Beretta é a arma preferida dos agentes da lei no mundo todo, como os Carabinieri da Itália, a Gendarmerie da França e os Texas Rangers. A empresa também ganhou respeito na sua linha de armas de caça. Ugo Gussalli Beretta é o atual presidente da companhia.

• **William Prym GmbH & Co.** – Alemanha
Atividade: Cobre, latão, armarinho
Fundação: 1530
Na Internet: www.prym.com
Situada em Stolberg, Alemanha.

• **John Brooke & Sons** – Inglaterra
Atividade: Tecelagem
Fundação: 1541
Está na 15ª geração
Na Internet: www.brookesmill.co.uk
A empresa, fundada por John Brooke, forneceu tecidos para as tropas britânicas (Batalha de Trafalgar, Segunda Guerra Mundial), francesas e russas. Hoje é liderada pela 15ª geração, representada por Mark Brooke e seu irmão Massimo Brooke. Na última década, Mark mudou o foco

da empresa criando um parque de desenvolvimento de empreendedorismo nas antigas instalações da fábrica.

• **Codorniu** – Espanha
Atividade: Vinícola
Fundação: 1551
Na Internet: www.codorniu.es
Jaime Codorniu adquiriu a empresa em 1551, iniciando séculos de propriedade familiar. Em 1976, o rei Juan Carlos I declarou a Codorniu um monumento artístico e histórico nacional. A propriedade é visitada por 200.000 pessoas todos os anos e produz cerca de 60 milhões de garrafas de vinho por ano.

• **Fonjallaz** – Suíça
Atividade: Vinícola
Fundação: 1552
Está na 13ª geração
Pierre Fonjallaz iniciou uma empresa familiar assim que ele "se dedicou a plantar vinho", como o rótulo de uma garrafa de Fonjallaz nos diz. A empresa hoje é dirigida por Patrick Fonjallaz.

• **DeVergulde Hand** – Holanda
Atividade: Fábrica de sabão
Fundação: 1554
Na Internet: www.verguldehand.nl

• **von Poschinger Manufaktur** – Alemanha
Atividade: Vidros
Fundação: 1568
Está na 13ª geração
Na Internet: www.poschinger.de
A empresa von Poschinger começou em 1568 na Alemanha, quando Joachim Poschinger adquiriu uma fábrica de vidros perto de Frauenau, próxima da fronteira tcheca. Hoje o empreendimento está dividido em três áreas diferentes – agricultura, atividade florestal e fábricas de vidro. A atividade na área dos vidros ainda continua sendo o foco principal do trabalho da família.

• **Wachsendustrie Fulda Adam Gies** – Alemanha
Atividade: Velas e figuras de cera
Fundação: 1589

• **Berenberg Bank** – Alemanha
Atividade: Bancária
Fundação: 1590
Na Internet: www.berenberg.de
O Berenberg Bank é um dos pouquíssimos bancos particulares independentes na Alemanha.

• **R. Durtnell & Sons** – Inglaterra
Atividade: Construção
Fundação: 1591
Está na 12ª geração
Na Internet: www.durtnell.co.uk
O fundador John Durtnell e seu irmão Brian construíram sua primeira casa em 1593. Ela ainda existe e está habitada. A empresa é extremamente versátil: seus projetos incluem a Real Academia Militar, a Chartwell House (a residência de Winston Churchill) e o Palácio de Buckingham.

• **J.P. Epping of Pippsvadr** – Alemanha
Atividade: Secos e molhados
Fundação: 1595

• **Eduard Meier** – Alemanha
Atividade: Calçados
Fundação: 1596
Está na 13ª geração
Na Internet: www.edmeier.de
Atualmente a empresa é dirigida por Peter Eduard Meier e sua irmã Brigitte. Sua linha de produtos tem cerca de 4.500 itens.

• **Toraya** – Japão
Atividade: Confeitaria
Fundação: antes de 1600
Está na 17ª geração
Na Internet: www.toraya-group.co.jp
Sediada em Tóquio, no Japão.

• **Tissiman & Sons Ltd.** – Inglaterra
Atividade: Alfaiataria e enxovais
Fundação: 1601
Na Internet: www.tissimans.co.uk
Sediada em Bishop's Stortford, Inglaterra.

• **Enshu Sado School** – Japão
Atividade: Escola para a cerimônia do chá
Fundação: 1602
Está na 13ª geração
Na Internet: www.enshuryu.com
Sediada em Tóquio, no Japão.

• **Takenaka** – Japão
Atividade: Construção
Fundação: 1610
Na Internet: www.takenaka.co.jp
A Takenaka construiu escritórios para algumas das corporações japonesas mais importantes, como o Mitsui Bank e a Nippon Life Insurance. Ganhou muitos prêmios para design, técnica e qualidade.

• **Mellerio dits Meller** – França
Atividade: Joalheria
Fundação: 1613
Está na 15ª geração
Na Internet: www.mellerio.fr
Os membros da família Mellerio, da Lombardia, Itália, tornaram-se trabalhadores sazonais na França no século XVI, como fornecedores de joias feitas a mão. A família se tornou uma das favoritas da realeza quando ajudou a evitar uma tentativa de assassinato do rei Luís XIII. Hoje localizada perto da Place Vendôme em Paris, a Mellerio é conhecida pelas joias finas, além de ser responsável pelo design e criação dos troféus do campeonato de tênis de Roland Garros.

• **Cartiera Mantovana Corp.** – Itália
Atividade: Papel
Fundação: 1615
Na Internet: www.cartieramantovana.it
Sediada em Mântua, na Itália.

CAPÍTULO II
GOVERNANÇA CORPORATIVA: O CAMINHO PARA PERPETUAR UM NEGÓCIO EM FAMÍLIA

O primeiro passo para uma boa sucessão e profissionalização é a governança corporativa, e aqui apresentamos os conceitos e o processo como um todo para que os empresários de forma geral, e os gestores familiares em especial, possam ter uma visão ampla de como iniciar o processo.

O que é governança corporativa?

Segundo o IBGC (Instituto Brasileiro de Governança Corporativa), o termo governança corporativa corresponde ao sistema pelo qual as sociedades são dirigidas e monitoradas, envolvendo os relacionamentos entre acionistas/cotistas, conselho de administração, diretoria, auditoria independente e conselho fiscal. As boas práticas de governança corporativa têm a finalidade de aumentar o valor da sociedade, facilitar seu acesso ao capital e contribuir para a sua perenidade.

A expressão abrange os assuntos relativos ao poder de controle e direção de uma empresa, bem como as diferentes formas e esferas de seu exercício e os diversos interesses que, de alguma forma, estão ligados à vida das sociedades comerciais.

A governança corporativa compreende a estrutura de relacionamentos e correspondentes responsabilidades de acionistas/cotistas, conselheiros e executivos, definidas estas da melhor maneira, de modo a encorajar as empresas a terem o desempenho econômico como objetivo principal.

Governança corporativa é valor, apesar de, por si só, não criá-lo. Isto somente ocorre quando ao lado de uma boa governança temos também uma gestão organizacional eficiente, eficaz e efetiva. Neste caso, a boa governança permitirá uma administração ainda melhor, em benefício de todos os acionistas e daqueles que lidam com a empresa.

Assim sendo, a governança corporativa está calcada em um conjunto de práticas, disciplinas e instrumentos que regulam relacionamentos entre acionistas, conselho administrativo, diretoria e auditoria independente.

Empresas em geral, incluindo as familiares, devem ser administradas por quem entende de gestão: o administrador, quer seja ele membro da família ou não.

Cada empresa tem sua metodologia de trabalho e cultura própria, por isso se faz necessário, além de cultivar, respeitar essa cultura que direcionou uma empresa ao sucesso.

A cultura de uma organização se consolida mediante uma série de procedimentos, validados por atitudes que foram julgadas positivas pelos dirigentes da empresa. São os valores oriundos desse modelo cultural que respaldarão o comportamento dos diversos participantes da sociedade corporativa.

Quando um empreendedor inicia um negócio, ele leva consigo julgamentos que consolidou ao longo de sua vida e acabam por se tornar direcionadores de comportamentos em sua empresa, tais como: ética, lealdade e confiabilidade.

Quando a empresa é familiar, os valores da família são repassados para a organização. O que se espera é que os valores e o contorno cultural sejam mantidos e as ações, modernizadas ao longo do tempo, como forma de adaptação ao mercado em que a organização está inserida.

O processo de governança corporativa está calcado no fato de que toda e qualquer organização, familiar ou não, é regida por um mecanismo de transparência e confiabilidade em sua gestão, que permite que os valores fundamentais da dinâmica empresarial não sejam corrompidos ao longo do tempo.

Antecedentes históricos

Na década de 70, iniciou-se nos Estados Unidos um movimento para implantação de melhores práticas corporativas, denominado *corporate governance.*

O surgimento dessa filosofia administrativa teve como seu principal protagonista Robert A. G. Monks, que à época era advogado e tornara-se empresário e executivo bem sucedido.

Além dos resultados positivos percebidos em seus empreendimentos, Monks passou a ser um forte difusor dos princípios da governança corporativa, defendendo certas posições para a obtenção de melhores práticas na condução dos negócios sociais, a partir da verificação das distorções do sistema corporativo norte-americano, no qual o destino das empresas não era traçado pelos seus proprietários, mas sim por seus executivos.

Constatou-se que, na maioria dos casos, os executivos estavam mais preocupados com a manutenção de seus cargos e privilégios, do que com o desenvolvimento das empresas, o que comprometia os seus resultados.

As propostas de ações vinculadas à governança corporativa consolidaram-se a partir dessa constatação, reforçando a necessidade do relacionamento entre vários participantes para determinar o direcionamento e identificação dos resultados corporativos, utilizando-se de práticas de transparência, hierarquia e ética.

A crescente globalização contribuiu para que o tema da governança corporativa ganhasse cada vez mais relevância. Com mercados extremamente competitivos, a prática de uma boa gestão tornou-se um fator que pode permitir à empresa não apenas sua sobrevivência, mas a conquista de melhores resultados.

O controle dos acionistas sobre a gestão, de forma a assegurar os seus interesses e diminuir os conflitos entre os diversos agentes presentes na empresa, tem motivado um grande número de estudos sobre os instrumentos envolvidos em uma boa prática de governança: o conselho de administração, a auditoria independente e o conselho fiscal.

Esses estudos realizados têm procurado identificar se as empresas tendem a desenvolver estruturas de conselho de administração de acordo com as características do negócio, bem como se estas estruturas são sensíveis à lucratividade e ao crescimento das mesmas.

Qualquer investidor que disponha de um patrimônio acionário se preocupa com o valor, a rentabilidade e a liquidez de seu ativo. As empresas precisam olhar esses investidores como sócios, como acionistas de fato e de direito, ampliando seus níveis de informação e desenvolvendo, por meio de seus atos administrativos, uma boa e consistente prática de governança corporativa.

Neste ambiente competitivo, o conselho de administração assume grande relevância no desenvolvimento da gestão corporativa e sua formação e estrutura poderão ter papel decisivo na sobrevivência da empresa e na conquista de novos mercados, como representante dos acionistas e última instância de decisão da empresa.

O conhecimento das fraudes contábeis e financeiras em grandes multinacionais tem abalado os mercados globais e revelado a fragilidade dos relatórios financeiros e das administrações corporativas nos dias de hoje. A preocupação com a transparência das informações, bem como com a responsabilidade dos executivos, tem sido motivo de preocupação e crescente interesse por parte dos investidores.

Esse cenário torna ainda mais importante o papel de monitoramento desempenhado pelos conselheiros independentes nas empresas, fazendo com que este assunto seja de extrema relevância e interesse no mercado financeiro e de capitais.

A forma como o acionista pode assegurar o retorno de seus investimentos nas empresas e monitorar o gerenciamento dos recursos respalda o conceito de governança corporativa. Empresas com boas práticas de governança tendem a ser beneficiadas com o fluxo favorável de recursos disponibilizados por investidores em geral, uma vez que oferecem mecanismos de controle do gerenciamento que permitem uma maior tranquilidade do investidor na busca do retorno para seus investimentos.

A formatação jurídica

Considerando que a governança corporativa é um sistema de regras de natureza procedimental, de cunho ético e moral, sua efetivação dependerá da adesão de todos os personagens de uma empresa às normas comportamentais e funcionais estabelecidas.

Assim, um dos corolários para a efetividade desse sistema é a participação dos proprietários e funcionários na elaboração desses ordenamentos, desde que devidamente orientados por profissionais especializados.

Cabe ressaltar que as práticas da governança corporativa tiveram inicialmente resultados nas sociedades anônimas, em especial as de capital aberto, uma vez que, para a captação de recursos do público, seria essencial a fidedignidade das informações, a fim de proporcionar a segurança possível para seus investidores e clientes.

Para a adoção das regras da governança corporativa, uma das hipóteses é inserir, no acordo de sócios, cláusulas relativas aos princípios norteadores da conduta dos sócios e dos administradores da empresa.

Com essa providência, qualquer desvio de conduta por parte dos componentes da empresa seria considerado como infração, podendo gerar penalidades, de acordo com a gravidade do ato.

Da mesma forma, tornou-se fundamental definir qual é o papel dos gestores estratégicos nas corporações. São eles que fazem a diferença entre estratégias vencedoras ou não, pois mapeiam cenários no mercado. Com base na estrutura interna definem o rumo que a empresa seguirá. A partir desse direcionamento, entende-se que as funções desses gestores são:

- Desenvolver controles internos, capazes de garantir que as informações necessárias, da empresa e de subsidiárias, cheguem às mãos dos administradores sem distorção;
- Manter controles internos, supervisionando o processo de preparação de relatórios financeiros;
- Avaliar a eficácia desses controles internos antes da entrega dos relatórios;
- Apresentar, nos relatórios, as conclusões da avaliação de eficácia desses controles.

Ao mesmo tempo, os relatórios anuais deverão incluir um "relatório de controles internos" que envolva os seguintes aspectos:

- Descrição da responsabilidade da administração, estabelecimento e manutenção de uma estrutura de controles internos e procedimentos para a preparação de relatórios financeiros;
- Avaliação da eficácia da estrutura de controles internos e procedimentos internos, ao longo do exercício;
- Declaração, assinada pelos administradores, afiançando que a empresa de auditoria que preparou as demonstrações financeiras atestou a qualidade dos mecanismos utilizados nesses controles.

A importância da governança corporativa nas empresas familiares

A prática dos princípios de transparência, equidade e responsabilidade pelos resultados ajuda a evitar consequências desagradáveis geradas por muitos conflitos típicos de empresas familiares ao longo do tempo. Estima-se que, atualmente, mais de 80% das empresas enfrentam problemas dessa natureza.

A falta dos valores de governança corporativa é o fator que mais potencializa os conflitos e, muitas vezes, põe em risco a própria sobrevivência de empresas de natureza familiar, justamente pela falta de transparência e uniformidade de entendimento do negócio pelos familiares que estão fora da administração da empresa.

Outras vezes, tais conflitos ocorrem em virtude do tratamento distinto entre os familiares com direitos iguais ou, ainda, pela falta de responsabilidade pelos resultados por parte daqueles que estão na administração da empresa.

Os princípios fundamentais da boa governança são:

- Transparência;
- Equidade;
- Prestação de contas;
- Cumprimento das leis. Não há uma lei específica para reger o processo de governança corporativa, porém há diversas regras de conduta estipuladas no Código Civil, mais especificamente aquelas regidas pelo Direito Empresarial;
- Ética;
- As boas práticas de governança corporativa têm a finalidade de preservar e aumentar o valor da sociedade, facilitar seu acesso ao capital e contribuir para sua perenidade;
- Sem uma boa governança, a tradição e a solidez viram pó (como mostram casos como Enron, Banco Barings, entre outros);
- Gestão transparente, com respeito e responsabilidade;
- O respeito relacionado à dinâmica gerencial está calcado no fato de,

obrigatoriamente, a empresa ter de pensar nos acionistas/cotistas em seu processo de tomada de decisões estratégicas, inclusive no momento de escolha do diretor geral e demais executivos.

A boa governança corporativa proporciona aos proprietários (acionistas/cotistas) a gestão estratégica de sua empresa e a efetiva monitoração da direção executiva. A principal ferramenta que assegura o controle da propriedade sobre a gestão são as ações conduzidas pelo Conselho de Administração.

A empresa que opta pelas boas práticas de governança corporativa adota como linhas mestras transparência, prestação de contas e equidade. Para que essas estejam presentes em suas diretrizes de gestão, é necessário que o Conselho de Administração, representante dos proprietários do capital (acionistas/cotistas), exerça seu papel na organização, que consiste especialmente em estabelecer estratégias para a empresa, eleger a diretoria, fiscalizar e avaliar o desempenho da gestão e escolher a auditoria independente.

O Banco Mundial e o FMI consideram a adoção de boas práticas de governança corporativa como medida essencial para a recuperação dos mercados mundiais, abatidos por sucessivas crises em seus mercados de capitais. Praticamente em todos os países surgiram instituições dedicadas a promover debates em torno desse tema.

Em junho de 2000, a McKinsey & Co., em parceria com o Banco Mundial, conduziu uma pesquisa (Investors Opinion Survey) junto a investidores, representando um total de carteira superior a US$ 1.650 bilhões, destinada a detectar e medir eventuais acréscimos de valor às companhias que adotassem boas práticas de governança corporativa. Apurou-se que os investidores pagariam entre 18% e 28% a mais por ações de empresas que adotam melhores práticas de administração e transparência.

Algumas das outras conclusões dessa pesquisa:

- Os direitos dos acionistas foram classificados como a questão mais importante de governança corporativa da América Latina;
- Três quartos dos investidores dizem que as práticas do Conselho de Administração são, pelo menos, tão importantes quanto a performance financeira quando estão avaliando companhias para

investimentos. Na América Latina, quase metade dos respondentes considera que as práticas de Conselho de Administração são mais importantes que a performance financeira;

- Na América Latina e na Ásia, onde os relatórios financeiros são limitados, principalmente em virtude da crise financeira global, os investidores preferem não confiar apenas em números. Eles acreditam que seus investimentos estarão mais bem protegidos por companhias com boa governança que respeitem direitos dos acionistas;
- A qualidade da administração da companhia, não raro, é mais importante do que questões financeiras nas decisões sobre investimentos.

São diversas as vantagens de uma boa governança corporativa para as empresas familiares:

- Reduzir os riscos do processo de sucessão;
- Controlar e gerir os negócios familiares por meio de um Conselho de Administração, assegurando ao fundador o direito de se afastar, paulatinamente, das operações, sem comprometer a performance e a continuidade da empresa;
- Desenvolver treinamento para o sucessor, por meio de sua participação no Conselho, e proporcionar mais chances de estabilidade da empresa e dos negócios, não dependendo da pessoa do fundador para isso;
- Proporcionar, aos principais acionistas ou sócios, condições de atuação e participação na gestão das empresas e dos negócios, não estando, necessariamente, envolvidos nas operações, conduzidas por equipes profissionais;
- Melhorar a qualidade da gestão por meio da contribuição de conselheiros da família e conselheiros externos qualificados e reconhecidos no meio empresarial;

Além disso, certos agentes de mercado, como bancos, fornecedores, parceiros de grande porte, multinacionais, governo, não veem com bons olhos a empresa familiar quando ela atinge certo estágio de estagnação e convive com os conflitos familiares já mencionados. A prática de uma boa governança corporativa melhora a imagem junto a esses agentes.

Muitas empresas familiares brasileiras estão hoje se associando, algumas pressionadas pelo processo acelerado de globalização e outras, na busca de sinergia para os seus negócios, visando enfrentar uma concorrência cada vez mais acirrada no mercado internacional. Com a governança corporativa, esse processo é viabilizado com mais facilidade e a empresa é mais valorizada nas transações;

Não estar devidamente aparelhada pode levar a empresa à falta de competitividade e perda de interesse de seus sócios, não restando outro caminho a não ser o processo de venda e em condições desfavoráveis, o que mais acontece na prática. Em muitas circunstâncias, as boas práticas de governança corporativa têm tornado as empresas mais atrativas para associações ou mesmo para venda.

Governança corporativa no Brasil

O modelo empresarial brasileiro encontra-se num momento de transição. De grandes oligopólios, empresas de controle e administração exclusivamente familiar e controle acionário definido e altamente concentrado, com acionistas minoritários passivos e Conselhos de Administração sem poder de decisão, estamos passando para uma nova estrutura de empresa, marcada pela participação de investidores institucionais, fragmentação do controle acionário e pelo foco na eficiência econômica e transparência de gestão.

Há vários fatores de pressão a favor dessas mudanças:

- O movimento internacional de fusões e aquisições;
- O impacto da globalização;
- Necessidades de financiamento e o custo do capital;
- A intensificação dos investimentos de fundos de pensão;
- A postura mais ativa de atuação dos investidores institucionais nacionais e internacionais.

Por isso, nos últimos anos, o tema governança corporativa tem despertado interesse crescente no Brasil, à medida que grandes multinacionais se instalam no país e empresas de capital nacional conquistam novos mercados. A Lei nº 11.638/2007 também contribuiu para isso, ao normatizar e regulamentar os procedimentos obrigatórios para as organizações em termos de transparência perante o mercado. Outras iniciativas foram essenciais para o estímulo e aperfeiçoamento do modelo de governança das empresas no país, como a criação do Novo Mercado pela Bolsa de Valores de São Paulo (BM&FBOVESPA), as linhas de crédito especiais oferecidas pelo BNDES, as novas regras de investimento por parte de fundos de pensão e o projeto de reforma das demonstrações contábeis.

No Brasil uma parte significativa das companhias já adotava algum tipo de vínculo com práticas de governança corporativa, mas não havia uma transparência adequada que pudesse sinalizar aos investidores quais as diferenças e vantagens oferecidas por cada uma delas.

É importante destacar que empresas que adotam práticas de governança corporativa no Brasil podem ter como benefícios:

- Facilidade de obtenção de fundos pela emissão de ações ou pela captação junto ao sistema financeiro;
- Melhor liquidez pela capacidade de atração de investimentos de pequenos e grandes investidores;
- Valorização da marca e consequente aumento do poder de barganha;
- Definição de bases sólidas que respaldarão a troca de controle corporativo – o que é um diferencial determinante para as empresas de natureza familiar.

Níveis de governança corporativa na Bolsa

Em dezembro de 2000, a Bolsa de Valores de São Paulo (BM&FBOVESPA) implementou o Novo Mercado e os Níveis Diferenciados de Governança Corporativa, segmentos especiais de listagem que foram desenvolvidos com o intuito de proporcionar um ambiente que estimulasse o interesse dos investidores e uma maior transparência das empresas, que no fim resultasse em um maior retorno aos acionistas.

A BM&FBOVESPA define o Novo Mercado e os Níveis Diferenciados de Governança Corporativa como um conjunto de práticas e normas de conduta adotadas pelas empresas, administradores e controladores, consideradas importantes para uma maior transparência e, consequentemente, para a boa valorização das ações e demais ativos emitidos pelas companhias.

Esses compromissos referem-se à prestação de informações que facilitam o acompanhamento e a fiscalização dos atos da administração e dos controladores da companhia e à adoção de regras societárias que equilibram melhor os direitos de todos os acionistas, independentemente da sua condição de controlador ou investidor.

A premissa básica é a de que boas práticas de governança corporativa têm valor para os investidores, pois os direitos concedidos aos acionistas e a qualidade das informações prestadas reduzem as incertezas no processo de avaliação e, consequentemente, o risco.

A redução do risco gera uma melhor precificação das ações, o que, por sua vez, incentiva novas aberturas de capitais e novas emissões, fortalecendo o mercado acionário como alternativa de financiamento para as empresas, cujas necessidades de investimento aumentaram com a abertura da economia e a globalização.

CAPÍTULO III
O CONSELHO DE ADMINISTRAÇÃO

Após a difícil etapa das decisões de uma sucessão e seus trâmites, devemos passar para o passo seguinte, que é estabelecer o Conselho de Administração na empresa.

Embora esse conselho tenha funções específicas, que serão vistas neste capítulo, entende-se que a sua função principal é servir a organização. O cerne das ações do Conselho de Administração é o direcionamento estratégico da empresa, enquanto o diretor geral e os funcionários se preocupam em criar e implementar projetos que ajudem a cumprir as diretrizes do Conselho e a missão da organização.

Os membros do Conselho de Administração são considerados pessoalmente responsáveis pela estrutura organizacional. Portanto, se a organização fracassar e dever dinheiro, os próprios membros terão de pagar a dívida. Isto é benéfico porque aumenta o "dever de diligência", ou seja, isto motiva também a considerarem as questões por completo, antes de tomarem decisões, por terem muito a perder.

As pessoas, frequentemente, concordam em se tornar membros do Conselho de Administração sem compreender qual será a sua função. Elas só descobrem quais são suas atribuições depois de participar de algumas das reuniões.

Suas principais funções são:

- Desenvolver os rumos estratégicos da organização;
- Proteger o *status* legal da organização;
- Orientar a conduta do diretor geral;
- Fiscalizar as ações desenvolvidas na empresa
- Participar das reuniões do Conselho de Administração;
- Ler todos os documentos que circulam antes das reuniões do Conselho de Administração;
- Tomar decisões por meio de votações;
- Manter-se atualizado sobre as questões que a organização está procurando resolver;

- Representar e falar em nome da organização em público, quando necessário.

Um Conselho de Administração precisa ter alguns cargos de responsabilidade oficiais para funcionar bem. Estes cargos geralmente são os de presidente, vice-presidente, secretário.

Responsabilidades dos principais cargos do Conselho de Administração

Presidente
- Presidir as reuniões do Conselho de Administração;
- Supervisionar o trabalho dos comitês (Ética, Auditoria, Gestão de Pessoas, entre outros);
- Ajudar os membros do Conselho de Administração a avaliar o seu desempenho e estabelecer metas individuais;
- Lidar com o conflito entre os membros do Conselho de Administração ou problemas de comportamento.

Vice-Presidente
- Atuar como presidente nas reuniões do Conselho de Administração, em situações em que o presidente esteja ausente;

Secretário
- Avisar, por escrito, aos membros do Conselho de Administração sobre as reuniões com antecedência;
- Fazer atas precisas das reuniões e guardá-las com segurança, juntamente com outros registros importantes do Conselho de Administração.

O número de membros do Conselho de Administração é variável, mas são necessários membros com uma variedade adequada de habilidades, conhecimento e perícia para cumprir bem a sua missão. Se forem poucos membros, ficarão sobrecarregados e seu trabalho será ineficaz. Por outro lado, se o número for grande demais, nem todos poderão participar ativamente.

O fato de o diretor geral ser membro do Conselho de Administração pode fortalecer a relação entre ambos. Entretanto, isto pode confundir a diferença entre governabilidade e gestão da organização. Como o Conselho é responsável por recrutar, apoiar e avaliar o diretor geral, se ele fizer parte desse órgão, poderão existir constrangimentos. Por isso, em muitas empresas não é permitido que o diretor geral faça parte do Conselho de Administração.

Porém, isto não impede que o principal executivo da empresa compareça às reuniões do Conselho de Administração, do início ao fim ou durante parte delas. Isto é vital para que se crie uma boa relação de trabalho entre essas duas instâncias, além de tornar o processo de tomada de decisão mais ágil e, muitas vezes, mais eficaz.

Outro aspecto a ser considerado é o do mandato dos membros do Conselho. Além da duração, é importante definir um número máximo de mandatos que cada membro pode exercer, com ou sem um intervalo entre eles. O propósito de estabelecer períodos máximos de mandato é incentivar a eleição de novos membros, que trazem novas ideias e uma nova visão. Caso contrário, o Conselho de Administração pode se estagnar e não conseguir levar a organização adiante de forma criativa.

É comum intercalar os mandatos, para evitar que todos os membros antigos terminem seus mandatos ao mesmo tempo. Isto assegura que o Conselho de Administração tenha um bom equilíbrio entre experiência e novas ideias.

O Conselho de Administração precisa ser flexível. Assim sendo, suas diretrizes de trabalho devem estar respaldadas em:

- Compromisso com a organização – de acordo com a missão, a visão e os valores;
- Boa comunicação – sabe falar, escutar, ler, ser claro e objetivo;
- Resolução de conflitos – comprometido com a justiça e a igualdade, a fim de restaurar relações saudáveis;
- Iniciativa – capaz de perceber as oportunidades e estar atento aos problemas;
- Objetividade – capaz de ser imparcial e sem preconceitos.

Além disso, o conselheiro deve ter características como:

- Pensamento conceitual – capaz de fazer conexões, ver tendências e relações, interpretar informações;

- Discernimento eficaz – capaz de usar o bom senso, a razão, o conhecimento e a experiência;
- Pensamento independente – capaz de manter as próprias crenças, mesmo quando houver influência, oposição ou ameaça;
- Pensamento lógico – capaz de pensar sobre uma questão cuidadosamente.
- Prestação de contas – aceita fazer e receber avaliações objetivas das relações e do desempenho;
- Interdependência – capaz de trabalhar de maneira eficaz com os demais membros da equipe e o meio externo, comprometendo-se com as decisões em grupo;
- Racionalidade – capaz de utilizar da melhor forma possível os recursos, ao mesmo tempo em que tem em vista padrões elevados.

Para manter o padrão comportamental e a qualidade de suas atividades, os membros do Conselho devem ter as seguintes qualidades individuais:

- Integridade pessoal – digno de confiança, consciente, honesto;
- Autoconsciência – capaz de avaliar e gerir os pontos fortes e fracos;
- Transparência – sem interesses ocultos, mas aberto quanto às informações, a não ser que sejam confidenciais.

Para que os conselhos administrativos governem com eficácia, seus membros devem estar 100% comprometidos com a organização. Assegurar que os membros do Conselho de Administração considerem a responsabilidade de sua participação ajuda a proteger a organização contra problemas de governabilidade mais tarde.

As questões a seguir podem ajudar os possíveis membros de conselhos a decidir se estão comprometidos com a organização e a considerar o que eles têm a oferecer.

Trabalho da organização

- Qual é a missão da organização?

- De que forma os seus programas atuais estão relacionados com a missão?
- Há algum plano estratégico que seja revisado e avaliado regularmente?
- A situação financeira da organização é segura?
- O Conselho de Administração discute e aprova o orçamento anual?
- Com que frequência os membros do Conselho de Administração recebem relatórios financeiros?

Estrutura do Conselho de Administração

- De que forma o Conselho de Administração está estruturado?
- Há descrições das responsabilidades do Conselho de Administração e dos membros individuais?
- Há descrições das funções e responsabilidades dos comitês do Conselho de Administração?
- Quem são os outros membros do Conselho de Administração?
- Há algum sistema para evitar conflito de interesses?

Responsabilidades individuais dos membros do Conselho de Administração

- De que maneira o Conselho de Administração considera que cada um de seus membros pode contribuir?
- Quanto tempo será necessário?
- Qual é o papel do Conselho de Administração na captação de recursos?

O que o interessado em atuar no Conselho de Administração deve avaliar

- Estou comprometido com a missão da organização?
- Que pontos fortes posso oferecer ao Conselho de Administração?

- Posso dedicar o tempo necessário para ser um membro eficaz do Conselho de Administração?
- Estou satisfeito com a abordagem e a natureza do trabalho de captação de recursos da organização?

O Conselho de Administração é responsável pela boa reputação e pela imagem da organização junto ao mercado. Desta forma, deve assegurar que todos os requisitos legais sejam considerados e cumpridos.

Como a responsabilidade final pertence ao Conselho de Administração, este deve supervisionar e aprovar quaisquer mudanças nas políticas organizacionais em relação às questões legais.

O Conselho de Administração é responsável, também, por proteger o ativo da organização e assegurar que ela seja capaz de cumprir sua missão. Deve assegurar a boa utilização das finanças da organização, pois deve prestar contas aos acionistas, sócios cotistas e herdeiros. Isto pode ser feito de várias maneiras diferentes:

- Definição e aprovação do orçamento anual;
- Monitoramento dos recursos captados e do cumprimento das obrigações financeiras;
- Acompanhamento do uso das verbas corporativas;
- Contratação de auditoria financeira independente a cada ano, para assegurar que os sistemas e os processos financeiros sejam bons, eficientes e eficazes;
- Avaliação e gerenciamento de riscos, de maneira que não se desperdice dinheiro desnecessariamente.

O Conselho de Administração deve estabelecer políticas relativas à descrição e avaliação dos diversos cargos. Ele deve supervisionar o estabelecimento e a revisão das escalas salariais. Entretanto, todos os outros procedimentos relacionados com o recrutamento, seleção, treinamento e desenvolvimento de funcionários devem ser determinados pelo diretor geral e pelos funcionários das áreas competentes.

Um ativo muito importante é a reputação da organização, para cuja manutenção os membros do Conselho de Administração desempenham um papel importante. Essa é uma questão chave, pois, se a reputação for prejudicada, haverá implicações para obter financiamento, e profissionais e fornecedores poderão não querer se envolver com a empresa.

Para a otimização das ações do Conselho de Administração, é necessário considerar alguns aspectos importantes, a saber:

- A boa comunicação é essencial. O Conselho de Administração e o diretor geral devem estar mutuamente atualizados sobre o que está acontecendo na empresa. Entre os métodos de comunicação estão os relatórios, a comunicação verbal entre o presidente do Conselho e o diretor geral, a presença do diretor geral nas reuniões do Conselho de Administração;
- O Conselho assegura que a visão e a missão sejam determinadas e decide os valores e a estrutura organizacional. Determina a rota que a empresa tomará para chegar ao destino. O diretor geral e os funcionários usam seu conhecimento, experiência e habilidades de desenvolvimento para cumprir a missão;
- Quando se dá responsabilidade a alguém, é necessário que haja certo grau de confiança de que esta pessoa cumprirá bem a sua responsabilidade. Se houver pouca confiança, torna-se fácil interferir, e a vantagem da delegação de responsabilidade se perde.

Se as funções não estiverem claramente estabelecidas, os seguintes problemas poderão surgir:

- Alguns aspectos importantes do trabalho da organização podem ser ignorados. É tentador para os líderes abusarem da sua responsabilidade;
- Pode-se perder a eficácia, porque as pessoas assumem responsabilidades demais e ficam sobrecarregadas e incapazes de realizar bem as suas tarefas;
- Pode-se perder a eficiência, porque algumas pessoas estão mais bem equipadas para assumir certas funções que outras e isto gera conflitos.

As organizações que não têm um Conselho de Administração podem enfrentar vários problemas que vão impactar negativamente no processo de gestão organizacional e nos resultados oferecidos pela empresa ao mercado. Existem fatores que devem ser considerados para não limitar o trabalho dos gestores estratégicos e oferecer bases de sustentação para o crescimento empresarial.

Uma questão fundamental, que afeta o bem-estar das empresas, é a confusão sobre a função do Conselho de Administração e a função do diretor geral e dos funcionários. A principal diferença é que o Conselho de Administração é responsável por governar a organização, e o diretor geral e os funcionários são responsáveis pela gestão/operação.

Portanto, é importante que o Conselho recrute diretamente o diretor geral para gerir a organização e recrutar os outros funcionários. Por ter sido diretamente recrutado pelo Conselho de Administração, o diretor geral terá a segurança de que conta com a sua confiança para realizar o trabalho da maneira que achar melhor. Entretanto, um alto grau de confiança não deve substituir os sistemas de prestação de contas. Como o Conselho de Administração é o responsável final pelo trabalho da organização, deve pensar sobre como fazer com que as pessoas a quem delega responsabilidade e autoridade lhe prestem contas. Isto pode ser feito por meio do estabelecimento de indicadores para mostrar o progresso no cumprimento das responsabilidades delegadas.

À medida que as organizações se desenvolvem, a forma de governabilidade também evolui. No caso das empresas familiares, o fundador tem espaço para estabelecer políticas, gerir os negócios, atuando como membro do Conselho de Administração e diretor geral. O fundador deve tornar-se um membro do Conselho de Administração e ausentar-se das operações, atuando somente no âmbito estratégico. Porém, não é aconselhável que ele se ausente da empresa. À medida que a organização amadurece, o Conselho de Administração torna-se mais profissional.

Depois que a organização se tornou mais profissional, a única situação em que o Conselho de Administração deve assumir a função de gestão é durante uma época de crise. Por exemplo, se o diretor geral não conseguir realizar sua função com eficácia, o Conselho de Administração pode eleger um de seus membros como diretor interino, enquanto recruta e seleciona um novo diretor geral.

Desenvolvimento de políticas

As políticas podem ser usadas pelo Conselho de Administração para assegurar que a organização seja bem dirigida sem que ele se envolva demais na gestão. Políticas operacionais geralmente são deixadas para o diretor geral definir.

Todas as ações e políticas devem estar respaldadas na visão, missão e valores da empresa. Infelizmente, esses conceitos são extremamente confusos para muitos administradores e para o corpo funcional também.

A seguir, iremos oferecer esclarecimentos que podem tornar mais claros esses conceitos, pois são eles que vão refletir a cultura organizacional, além de serem as bases estruturais do planejamento estratégico da organização.

A Visão: é o direcionamento estratégico da empresa. Sua concepção se dá por meio da projeção de como a empresa estará daqui a cinco anos. Deve ser definida em uma frase de impacto que estimule o corpo organizacional a alcançar a visão proposta. Exemplo: Crescer com excelência.

A Missão: determina quais são as pessoas a quem a organização serve, onde elas estão e como elas são servidas. A declaração da missão, portanto, une a visão, o propósito e os valores. Deve ser clara, breve e fácil de ser memorizada. Em resumo, a missão responde à seguinte pergunta: O que a organização se compromete a fazer?

Valores: estão relacionados com o que a organização simboliza. Influenciam a maneira como a organização age e traduzem sua identidade. A pergunta chave é: Quais são as coisas que consideramos importantes na maneira como agimos e nos relacionamos com os outros? Ao contrário da visão e da missão, que podem ser alteradas e atualizadas, os valores da organização não devem mudar, sendo permanentes.

Planejamento Estratégico: consiste em determinar o plano da organização para os próximos anos e a maneira como se pretende cumpri-lo. Ele é um plano para a organização inteira, sendo diferente dos planos operacionais ou táticos, que descrevem projetos ou programas.

Deve contemplar os seguintes aspectos:

- Quais são os objetivos?
- Onde o trabalho será realizado?
- Quem são os beneficiários e quem realizará o trabalho?
- Como o objetivo será alcançado?
- Quanto custará?
- Quando o objetivo será alcançado?
- Indicadores: como saber quando os objetivos foram alcançados?

Políticas internas do Conselho de Administração

Além das políticas para a organização como um todo, é útil que o Conselho de Administração tenha algumas políticas internas.

Política para conflito de interesses: Os membros do Conselho de Administração têm a responsabilidade de dar os seus próprios pontos de vista sobre questões durante as discussões. Entretanto, eles devem garantir que esses pontos de vista sejam do interesse da organização e não voltados para o seu próprio interesse. Para evitar conflitos de interesses, cada membro do Conselho deve informar sobre a sua possível ocorrência, ao ser eleito. Essas informações devem ser atualizadas a cada ano. Se o Conselho precisar discutir uma questão que possa resultar num conflito de interesses para um dos seus membros, não se deve permitir que esta pessoa participe das discussões ou da tomada de decisões. Essa política também deve definir que os membros do Conselho de Administração não podem realizar trabalho de consultoria remunerado para a organização.

Política de sigilo: Todas as discussões durante as reuniões do Conselho de Administração devem ser mantidas em sigilo. Embora seja formado por membros com diferentes opiniões, uma vez que uma decisão é tomada, o Conselho deve se comportar como uma linha de frente unida. Caso contrário, a reputação da organização pode ser prejudicada e a eficácia do Conselho também pode ser questionada pelo mercado. Para garantir que o sigilo seja mantido, os membros do Conselho devem assinar um termo de confidencialidade.

Manual do Conselho

Outra medida útil é a criação de um Manual do Conselho de Administração, contendo todas as informações importantes sobre esse órgão. Ele pode ser usado como referência pelos membros e pelo diretor geral, além de poder ser consultado durante as reuniões, se necessário. Entre as informações que podem ser incluídas estão:

Informações sobre a organização

- História (como foi criada, eventos principais);
- *Status* legal;
- Finanças (relatório anual recente, relatório de auditoria, orçamento anual);
- Estrutura (organograma mostrando as áreas de responsabilidade).

Informações sobre os membros da organização, se relevante

- Obrigações;
- Responsabilidades;
- Detalhes sobre as Reuniões Anuais;
- Tempo de mandato.

Informações sobre o Conselho de Administração

- Como os membros são eleitos;
- Mandatos;
- Orientação;
- Reuniões;
- Programa de informações;
- Tomada de decisões;
- Responsabilidades;

- Cargos-chave;
- Políticas internas e estatutos.

Informações sobre os comitês

- Responsabilidades;
- Nomeação de membros.

Comitês

O principal objetivo das reuniões do Conselho de Administração é tomar decisões. As melhores decisões são tomadas quando as pessoas têm boas informações e conhecimento sobre todas as possibilidades. Às vezes, essas informações podem ser fornecidas por profissionais, tais como o diretor geral, mas outras vezes precisam ser coletadas pelos próprios membros do Conselho de Administração.

Para facilitar isto, pode ser útil estabelecer comitês, formados por membros do Conselho e, às vezes, por pessoas que não pertencem a ele, por terem especialização relevante e poderem oferecer suporte técnico no processo de tomada de decisão. Podem fazer parte de comitês o diretor geral, funcionários seniores da organização e/ou especialistas externos.

O comitê apresenta as opções ao Conselho para que seja tomada uma decisão. Às vezes, pode ser adequado delegar ao próprio comitê a responsabilidade pela tomada da decisão referente a certas questões.

Há vários tipos de comitês. Alguns são permanentes, reunindo-se regularmente. Estes frequentemente têm uma função de monitoração especializada. Alguns comitês funcionam somente quando há necessidade. Outros são estabelecidos para um propósito específico único, e quando o trabalho é concluído, eles se dissolvem. Estes são chamados de comitês *ad hoc*.

Exemplos de tipos de comitês:

- Comitê financeiro: supervisiona a situação financeira da organização e orienta o Conselho de Administração sobre questões orçamentárias e financeiras;

- Comitê de nomeação: funciona quando há necessidade de recrutar novos membros para o Conselho de Administração;
- Comitês de Gestão de Pessoas, de Ética etc.

Algumas perguntas-chave para decidir quais são os comitês apropriados:

- O comitê ajuda a organização por desempenhar uma função especializada que o Conselho de Administração não pode cumprir sozinho?
- O comitê ajuda a organização na pesquisa de questões específicas e na apresentação de opções ao Conselho de Administração?
- O comitê evita gerir ou pressionar os funcionários da organização com conselhos?

Os membros do comitê são selecionados pelo presidente do Conselho de Administração, após consulta com o próprio Conselho e o diretor geral. Eles devem ser selecionados cuidadosamente, considerando-se a sua possível contribuição para o comitê, especialmente em termos de conhecimento e especialização. Alguns comitês podem exigir de seus membros um compromisso e uma dedicação maiores.

Cada comitê deve ter um presidente e um secretário. O presidente de cada comitê é responsável por monitorar o trabalho feito pelos outros membros e assegurar que as tarefas estabelecidas sejam concluídas no prazo.

Os comitês trabalham sob a autoridade do Conselho de Administração e não têm nenhum poder de decisão, a não ser que o Conselho lhes delegue autoridade. Existem a partir da necessidade de ajudar o Conselho de Administração a cumprir a sua função. As principais funções dos comitês são:

- Estudar a fundo uma questão;
- Identificar pontos-chave e conclusões;
- Dar ao Conselho de Administração uma lista de opções para que ele as considere, ou tomar decisões eles mesmos, se lhes tiver sido delegada autoridade para tal.

Deve ser elaborado um plano de trabalho para especificar quando será necessário contribuir com o Conselho ao longo do ano. Os sistemas e os processos também podem ser documentados para orientar os comitês e permitir que os novos membros entendam rapidamente seu funcionamento.

Uma descrição típica de um comitê é a seguinte:

- Nome do comitê;
- Propósito do comitê;
- Responsabilidades específicas;
- Reuniões – com que frequência serão feitas e o que será discutido;
- Quórum – quantos membros do comitê precisam estar presentes nas reuniões para torná-las válidas. A presença de certos membros poderia ser especificada, tais como um membro do Conselho de Administração;
- Autoridade – que autoridade o Conselho de Administração lhe delegou;
- Membros – que tipos de pessoas devem estar representadas;
- Mandato – quanto tempo os membros terão de servir no comitê e quantas vezes eles poderão renovar sua participação como membros.

Pautas das reuniões

A pauta é uma lista de assuntos que precisam ser discutidos numa reunião. É um guia para garantir que nada de importante seja negligenciado. É também uma ferramenta útil para os membros do Conselho de Administração antes da reunião. Deve ser enviada a todos pelo secretário com antecedência.

A pauta é responsabilidade do presidente do Conselho, devendo conter apenas assuntos que estejam prontos para serem decididos, para que as reuniões sejam produtivas. Para as reuniões de comitês, a pauta pode incluir mais tempo para discussão.

Atas das reuniões

O secretário do Conselho de Administração tem a responsabilidade de fazer anotações por escrito das reuniões, para a produção de atas. Há muitos motivos para se fazer atas:

- Geralmente, são um requisito legal. Qualquer ação do Conselho de Administração que não estiver registrada em ata não será legal;
- São um registro das decisões que o Conselho de Administração tomou;
- Lembram os membros do que foi discutido na última reunião, ao se prepararem para a próxima;
- São uma ferramenta de prestação de contas.

As atas são detalhadas e devem conter tudo o que foi discutido e as decisões tomadas.

Aqui estão algumas sugestões para ajudar os secretários a escreverem boas atas:

- Primeiro, escrever o título da reunião, o local, a data e a hora;
- Registrar as pessoas presentes e as que estiveram ausentes;
- Escrever os nomes de quaisquer convidados que tenham comparecido à reunião. Se eles estiveram presentes apenas durante parte da reunião, anotar em que itens da pauta eles participaram;
- Escrever a questão em discussão, as decisões que foram tomadas e a ações que serão postas em prática;
- Assegurar-se de que as atas estejam corretas. Incluir apenas fatos e certificar-se de que as ações acordadas sejam expressas da forma mais clara possível, a fim de evitar conflitos;
- Numerar cada item de acordo com o número na pauta;
- Antes de finalizar a ata, verificar se ela fará com que se compreenda adequadamente os resultados da reunião.

Outros aspectos importantes relacionados ao envio e ao arquivo das atas devem ser considerados pelo secretário:

- Assegurar-se de que qualquer documentação adicional que esteja vinculada à pauta seja enviada antes da reunião, como relatórios, planos e orçamentos, sendo anexada e mencionada claramente nas atas;
- Enviar as atas a todos os que estiveram presentes na reunião, assim como aos membros do Conselho de Administração que estiveram ausentes;
- Assegurar-se de que um dos itens da pauta da próxima reunião seja uma breve revisão das atas, para verificar se elas retrataram corretamente a reunião. Elas, então, devem ser assinadas pelo secretário e pelo presidente na próxima reunião;
- Guardar as atas num lugar seguro, juntamente com a documentação adicional. Armazenar as atas no disco rígido de um computador e em um CD Rom ou pendrive. Colocar as cópias em papel no arquivo e guardá-las em lugar seguro, pois auditores podem querer vê-las no futuro.

Compartilhamento de informações

A fim de definir a estratégia e tomar boas decisões, é importante ter acesso a boas informações. Essas informações poderiam ser fornecidas ou coletadas por:

- Membros do próprio Conselho de Administração;
- Comitês;
- Funcionários, por meio do diretor geral.

O problema, para alguns Conselhos de Administração, é que eles não têm boas informações suficientes e disponíveis. Por um lado, alguns Conselhos reclamam que têm muitas informações, mas grande parte delas é irrelevante, detalhada demais ou leva muito tempo para ser lida.

Há três tipos de informações:

- Informações para decisões – informações necessárias para que os membros do Conselho de Administração possam tomar boas decisões.

- Informações de monitoramento – incluem relatórios sobre o progresso em direção à realização dos objetivos ou informações para revisar o trabalho do diretor geral.
- Informações incidentais – informações que são do interesse dos membros do Conselho de Administração, mas não exigem nenhuma ação, tais como informações resultantes das reuniões dos comitês.

As informações devem ser:

- Oportunas – Não adianta ter informações quando elas já não forem mais necessárias. As informações precisam ser atualizadas.
- Claras – Se as informações forem técnicas, elas precisam ser bem explicadas, para que todos os membros do Conselho de Administração possam compreendê-las.
- Concisas – Se os documentos forem longos demais, as pessoas não os lerão. Alguns tipos de informações podem ser representados na forma de gráficos, o que economiza espaço e incentiva os membros do Conselho a compreender as relações e a se envolver mais na questão.
- Relevantes – Incluir somente informações de que o Conselho de Administração precise tomar conhecimento.
- De boa qualidade – Assegurar-se de que os fatos, principalmente as estatísticas, estejam baseados em fontes confiáveis. Procurar incluir diferentes pontos de vista. Os membros do Conselho devem avaliar os relatórios de forma crítica, procurando ler "nas entrelinhas".

Contar com informações suficientes é fundamental para que se cumpra o objetivo das reuniões do Conselho de Administração, isto é, tomar decisões. Os membros do Conselho precisam ter elementos para decidir se:

- O curso de ação proposto ajudará a cumprir a missão da organização;

- Há outras opções;
- As informações fornecidas são suficientes para tomar uma boa decisão ou serão necessárias outras informações;
- A organização possui a estrutura e os recursos certos para esse curso de ação.

Votação

Depois que o Conselho de Administração tiver passado algum tempo discutindo uma questão, será necessário tomar uma decisão sobre o que fazer. O presidente deve assegurar que todos estejam prontos para isso. A forma mais comum é que o voto será "a favor" ou "contra" a proposta.

Outra opção seria os membros do Conselho de Administração votarem numa de várias opções:

- Aprovar a ação proposta;
- Aprovar a ação com emendas;
- Rejeitar a ação;
- Requisitar mais informações, se considerarem que as recebidas são insuficientes para a tomada de decisão. Um funcionário ficará encarregado de coletar mais informações para a próxima reunião. Tudo deve ser registrado em ata, incluindo o tema na pauta da próxima reunião.

Há várias maneiras de se tomar uma decisão conjunta. Cada Conselho de Administração deve escolher a melhor. Normalmente, o presidente tem o voto de minerva no caso de empate.

Melhoria contínua

Tão logo o Conselho de Administração funcione bem, um trabalho de manutenção e aprimoramento deve ser iniciado, envolvendo medidas como:

- Cada vez que um novo membro for eleito, deve receber uma boa orientação do presidente;

- Oferecer treinamentos que garantam qualificação para que o conselheiro desenvolva suas atividades;
- Capacitar os membros do Conselho de Administração para lidar com questões vinculadas às operações específicas da organização. Alguns membros do Conselho de Administração podem participar de eventos, treinamentos e conferências, para aperfeiçoar suas habilidades. A organização também pode oferecer treinamento interno para o Conselho;
- Desenvolver um plano de ação para as áreas a serem melhoradas.

A melhoria contínua está baseada na competência individual dos conselheiros, sua capacidade de se vincular ao modelo organizacional e às prioridades da empresa, para que esta se mantenha saudável e rentável.

CAPÍTULO IV
O PAPEL DO CONSELHO DE ADMINISTRAÇÃO NA GESTÃO DE PESSOAS

O Conselho de Administração deve recrutar um profissional para gerir as operações, evitando envolver-se diretamente no dia a dia desse trabalho. Esse profissional terá o título de diretor geral ou outro similar, como diretor executivo, *Chief Executive Officer* (CEO) e gerente geral. Neste livro, adotamos como padrão o termo "diretor geral", apenas para facilitar a compreensão.

A responsabilidade do diretor geral é desenvolver todas as ações estratégicas da organização, dentro dos limites estabelecidos pelo Conselho. Para que a organização cumpra a sua missão, deve haver uma boa relação entre o diretor geral e o Conselho de Administração. As condições dessa relação devem ser claramente definidas, em termos de cargo, função ou papel a ser desempenhado, para não haver implicações nos resultados que esse executivo deverá apresentar à empresa.

As questões a considerar ao se recrutar um diretor geral são:

- Descrição do cargo – definição das funções e requisitos básicos do cargo;
- Lista de qualidades, tanto essenciais quanto desejáveis, inclusive habilidades, experiência e caráter pessoal;
- Remuneração total – salário e benefícios empregatícios;
- Responsabilidades e autoridade delegada.

Alguns Conselhos de Administração podem decidir criar um comitê especial para supervisionar o processo de recrutamento e seleção do diretor geral. Se um membro do Conselho estiver interessado em se candidatar para o cargo, deve primeiro se exonerar de suas funções de conselheiro. Isto faz com que o processo seja menos parcial. Se o candidato não tiver êxito, talvez não seja adequado que ele retorne ao Conselho.

Seleção de pessoas para cargos-chave dentro do Conselho de Administração

O Conselho de Administração deve ter a liberdade de escolher seus membros para atuar em cargos-chave dentro do próprio órgão. As questões a considerar são:

- Características e qualidades desejadas para a função;

- Duração do serviço na função;
- Como as pessoas serão selecionadas (por exemplo, por meio de voto secreto);
- Visão – o presidente precisa incentivar o Conselho de Administração a ter a visão futura da organização;
- Habilidade para facilitação e trabalho em equipe, de modo a que os conselheiros possam se ajudar mutuamente;
- Conhecimento da missão;
- Experiência anterior;
- Conhecimentos gerais sobre a organização, o mercado e a legislação relativa ao trabalho desenvolvido.

Pode ser útil que o presidente do Conselho tenha atuado na organização como gestor ou membro do Conselho de Administração. Isso permitirá que tenha uma boa compreensão da dinâmica administrativa e dos meandros da cultura organizacional. Entretanto, pode-se optar pela contratação de um presidente que venha do mercado, com capacidade de ser mais objetivo e apto a fazer melhorias importantes na organização. Para assumir esse cargo, o profissional deve ter:

- Boa reputação no mercado;
- Capacidade de desenvolver relações interpessoais;
- Organização;
- Capacidade de comunicação;
- Experiência em cargos estratégicos;
- Afinidade com a cultura da empresa;
- Compreensão dos impactos legais relativos às ações da empresa no mercado.

Exoneração de membro do Conselho de Administração

Um membro do Conselho de Administração pode (ou deve) decidir se exonerar por vários motivos:

- Se não concordar mais com a missão da organização;
- Se não tiver tempo disponível suficiente;
- Se ficar incapacitado e não puder realizar tarefas;
- Se surgir um conflito de interesses.

Um membro do Conselho de Administração pode se sentir tentado a solicitar exoneração após uma discórdia ou por não concordar com uma decisão. Nesses casos, deve se questionar:

- Há alguma diferença fundamental entre os meus pontos de vista e os das outras pessoas? Ou, em geral, estou satisfeito com a maioria das decisões que o Conselho toma?
- As pessoas ouvem os meus pontos de vista? Se não, há alguma maneira de fazer com que as discussões sejam mais participativas?
- Há algum membro do Conselho com o qual eu ache difícil trabalhar? Posso encontrar uma maneira de criar uma conexão maior com essa pessoa?
- Qual é o valor da minha contribuição para o Conselho de Administração? De que maneira o Conselho seria afetado se eu me exonerasse?

O presidente tem um papel fundamental em relação aos demais membros do Conselho de Administração. Deve valorizar a participação de todos, assegurando que sejam realistas e conscientes em relação às suas possibilidades de contribuir. Deve também atuar em casos de problemas e, se necessário, dar liberdade para os conselheiros se afastarem.

CAPÍTULO V
A SUCESSÃO FAMILIAR

Após a adoção da governança corporativa e a implantação do Conselho de Administração, deve-se partir para a sucessão familiar propriamente dita, estabelecendo parâmetros coerentes entre eles.

Estudos que visam caracterizar a cultura de organizações familiares no Brasil apontam que:

- Superestimam-se as relações afetivas em detrimento da postura profissional;
- Há uma grande valorização da antiguidade, considerada como um atributo que supera a exigência de eficácia ou competência;
- Há uma exigência de dedicação, postura de austeridade e expectativa de alta fidelidade em relação à organização;
- É comum que prevaleçam ou sejam superestimados aspectos emocionais quando decisões têm que ser tomadas;
- O autoritarismo e o paternalismo estão presentes nas relações entre chefias e seus subordinados;
- Há preferência pela comunicação verbal e pelos contatos pessoais;
- O processo decisório tende a ser centralizado, residindo no chefe a última instância para a tomada de decisões;
- O processo decisório do dirigente brasileiro tende a um padrão mais espontâneo, improvisado e por impulso (ou intuitivo);
- A provisão de cargos, promoções e premiações geralmente observa critérios de confiança, lealdade e antiguidade dos trabalhadores, em detrimento de sua produtividade ou da qualidade do serviço prestado.

O impacto da cultura familiar nos processos decisórios da empresa

As crenças de natureza humana, justiça e igualdade são os aspectos menos visíveis de uma cultura organizacional, enquanto decoração, uso do tempo e do espaço são os mais visíveis. Mais fortes até do que as crenças de uma organização familiar são os processos emocionais inerentes a esse tipo de empresa.

Em qualquer organização, padrões aceitáveis de comportamento são desenvolvidos ao longo do tempo e ensinados como a forma correta de pensar, perceber e sentir. Quando a família está envolvida na empresa, esses padrões dependem fortemente dos processos emocionais familiares: a cultura da família acaba se tornando a cultura da empresa e a estrutura (hierarquias, autoridades, responsabilidades) e os papéis na família (o filho com mais poder, por exemplo) transbordam para o ambiente de negócios.

A análise da cultura de uma empresa familiar deve levar em conta que ela se articula sobre as seguintes premissas:

- Toda cultura tem seus valores relacionados com o dinheiro, o poder, o ego, o êxito e a eficácia;
- A cultura em uma empresa funciona como cimento e substrato de sua estratégia, de sua estrutura de responsabilidade e dos sistemas de direção que configuram sua organização;
- Suas forças mais básicas são a unidade e o compromisso dos integrantes da família que nela trabalham.

Pensando no sucesso, a empresa familiar levaria uma interessante vantagem, uma vez que sua "familiaridade", ou seja, o recurso intangível resultante do envolvimento familiar, confere-lhe importante diferenciação de seus concorrentes.

Desde meados da década de 1980, o campo de estudos em empresas familiares evoluiu significativamente no entendimento de que tanto a composição organizacional como as capacitações de empresas familiares são diferentes das não familiares. O negócio familiar tem sido descrito como um ambiente de trabalho único, que inspira maior cuidado e lealdade dos funcionários. As relações familiares geram motivações não usuais, estimulam melhor a comunicação (pela linguagem da família) e geram maior confiança.

Adicionalmente, o processo decisório seria mais rápido, por estar centralizado nos membros da família, e geraria menores custos de transação. Por fim, haveria ainda a questão do eventual prestígio e reputação do nome da família na região de sua atuação ou, em alguns casos, no próprio país de sua sede, funcionando como uma cobertura econômica e política.

Existe considerável material acadêmico mostrando que empresas familiares objetivam uma combinação de interesses financeiros e não financeiros. O equilíbrio entre interesses familiares e não familiares parece ser uma busca constante nessas empresas. Dependendo do setor de atividade e do momento econômico vivido, o grau de atenção dada pelo proprietário à família e aos negócios pode determinar um maior ou menor sucesso.

Quando consultadas sobre seus principais objetivos, empresas familiares parecem apontar para alvos similares aos de qualquer empreendimento com fins lucrativos.

O processo sucessório

A partir do momento em que um casal tem um filho, constitui uma família e cria herdeiro e herança. Esse filho torna-se herdeiro não só do patrimônio genético, mas também do patrimônio dos afetos que lhe são dirigidos e de uma história familiar.

A humanidade tem acumulado riquezas desde os primórdios de sua história. Temos desenvolvido meios de transferência dessas riquezas para as gerações seguintes. Infelizmente, a história está cheia de exemplos de nações, famílias e indivíduos cujas riquezas foram perdidas ao longo do tempo.

Com as empresas ocorre o mesmo. Só um processo de sucessão muito bem planejado e conduzido pode garantir a transferência de um empreendimento aos sucessores/herdeiros de um proprietário.

A sucessão é considerada tão importante na literatura que alguns autores definem empresa familiar como potencial para sucessão. Ela seria, então, uma empresa cujo controle e gerenciamento seriam passados para a próxima geração da família. As estatísticas confirmam que a sucessão é uma questão tipicamente problemática: poucas empresas familiares sobrevivem à segunda e à terceira gerações.

Um dos problemas da sucessão é que dificilmente uma empresa cresce no ritmo da família que a controla. Se dois irmãos fundadores de um negócio bem sucedido tiverem quatro filhos cada um e seus descendentes mantiverem o ritmo, a quarta geração contará com 512 integrantes.

Os estudos vinculados à sucessão familiar podem ser divididos em:

- Sucessão como um processo: ser profissional, não paternalista;
- O papel do fundador para perpetuar seu negócio;
- "Meu sonho não é o sonho do meu filho";
- Perspectiva da próxima geração.

Para garantir que o processo sucessório seja adequado e eficaz, é necessário considerar que haja um processo de gestão do conhecimento organizacional que justifique não apenas as ações de treinamento, mas, fundamentalmente, a educação corporativa a ser impressa no herdeiro, a partir da identificação de aptidões para a ocupação de cargo de direção.

Para entendermos melhor as ações de gestão do conhecimento, é necessário apresentar os tipos de conhecimento disponíveis para a organização, a saber:

- Conhecimento tácito – adquirido a partir de experiências pessoais; não formalizado; de difícil transferência, pois está baseado na percepção do indivíduo.
- Conhecimento explícito – conhecimento organizacional; formalizado por meio de manuais, materiais didáticos (treinamentos); regimento interno, entre outros. É de fácil transferência.

O herdeiro, muitas vezes, é formado a partir do conhecimento tácito do fundador, o que se traduz, frequentemente, em problemas de compreensão, pois quem herda não viveu a realidade do seu antecessor.

O quadro 1 retrata as formas de conversão do conhecimento.

	Conhecimento Tácito	Conhecimento Explícito
	Para	
Conhecimento Tácito	Socialização	Externalização
De		
Conhecimento Explícito	Internalização	Combinação

Quadro 1 – Modelo de conversão do conhecimento.

Os modelos de conversão do conhecimento podem ser traduzidos da seguinte forma:

- Socialização – tácito para tácito: observação, imitação da prática; experiência compartilhada.
- Combinação – explícito para explícito: ajuste de processos, sistemas de computadores; reconfiguração das informações.
- Internalização – explícito para tácito: ampliar, estender e reformular o conhecimento tácito – aprendizagem.
- Externalização – tácito para explícito: abordagem inovadora, utilizando as experiências pessoais que resultaram positivamente em conhecimento para toda a organização.

Quando se trata do processo sucessório nas empresas familiares, o modelo utilizado para transferir conhecimento do fundador para seu sucessor é, basicamente, o da socialização.

Primeiramente, é preciso entender que socialização é o processo completo de indução de um indivíduo ao mundo objetivo de uma sociedade, sendo responsável, portanto, pela transferência de conhecimentos e valores necessários à convivência social. Para garantir uma boa sucessão e o crescimento da empresa familiar, é necessário haver coerência entre o tipo de socialização desses herdeiros e os valores que os fundadores desejam transmitir para a próxima geração.

Existem duas fases, presentes em todos os processos de socialização: uma primeira, de socialização familiar, comum a todos os descendentes dos fundadores, quando há uma transmissão de valores e treinamentos; e uma segunda fase de socialização nos negócios, reservada apenas aos potenciais sucessores do fundador.

A socialização familiar ocorre ainda na infância e envolve a transmissão daqueles valores que delineiam o caráter do indivíduo. Nessa fase, o tipo de socialização é diretamente influenciado pela escolha da educação formal e pelas experiências emocionais vividas pela família. Dependendo do estilo do fundador, a escolha dos valores a serem perpetuados varia fortemente. Assim, por exemplo, fundadores estrategistas desejam perpetuar a ideia do negócio como um fim em si mesmo e a autorrealização como um valor fundamental.

Aspectos emocionais *versus* aspectos profissionais

Considerado por muitos estudiosos como o pilar da economia brasileira, o modelo familiar de gestão empresarial transfere para a fria e objetiva esfera profissional as intensas relações entre membros de uma família. Essa controversa mistura de aspectos emocionais com questões unicamente profissionais vem despertando o interesse acadêmico mundial sobre a empresa familiar nas últimas décadas.

No começo do século XXI, somente nos Estados Unidos existiam 40 institutos de pesquisa ligados a grandes universidades estudando as empresas familiares e suas características.

No Brasil, o peso da empresa familiar é muito alto. Ao contrário do que aponta a tendência norte-americana de pulverização do controle das empresas, que ocorre em função da necessidade crescente de capital de terceiros para financiar o crescimento, o perfil industrial brasileiro ainda se apresenta concentrado nas mãos de poucos indivíduos, principalmente de grupos familiares.

Dos 300 maiores grupos privados nacionais, 287 são controlados por uma ou mais famílias. Grupo Votorantim, Coteminas e Organizações Globo são alguns exemplos de grandes grupos familiares no Brasil. Das quase oito milhões de empresas em atuação, 90% são familiares.

A linha de pesquisa mais popular na literatura sobre empresa familiar é a que aborda o processo sucessório. Tanto material acadêmico tem uma explicação: as estatísticas são muito pessimistas no que diz respeito à sobrevivência dessas empresas após a morte da primeira geração de empreendedores. Sabe-se que apenas 24% das empresas familiares no Reino Unido sobrevivem como tais até a segunda geração, e somente 14% conseguem ir além da terceira.

A condução do processo sucessório

Na condução dos processos de sucessão, o desenvolvimento dos sucessores é muito importante. Uma transferência bem sucedida depende de um preparo adequado dos sucessores. Vários pontos devem ser observados nesse aspecto:

- Ter experiência dentro e fora da empresa da família, em outra organização como funcionário ou até como dirigente de uma pequena empresa. A grande vantagem da posição de dirigente é que o sucessor obterá uma formação multiespecialista. O benefício de ele adquirir conhecimento fora é que terá outro padrão de trabalho, além de se distanciar dos vícios da empresa de sua família em termos de aprendizado;
- Fazer um plano de desenvolvimento, destacando os conteúdos que serão aprendidos, a forma como será conduzido o processo e os prazos de realização;
- Os sucessores devem entrar na empresa em funções que forneçam o conhecimento operacional e não em cargos de assessoria ou ainda diretamente em cargos de direção. Devem sempre começar em cargos mais baixos;
- A fase de preparação dos sucessores deve incluir alternativas para que consigam encontrar seu espaço entre os participantes da organização;
- A carreira deve ser orientada para uma direção multiespecialista;
- A formação obtida através da graduação deve ser continuamente complementada por meio de outros cursos;

- A preparação do sucessor não deve fazer dele um teórico simplesmente. A sua capacidade prática tem de ser exercitada constantemente, fazendo com que ele participe da execução e das decisões com o acompanhamento e apoio dos fundadores.

Conscientização dos fundadores

Os fundadores são peças fundamentais nos processos de sucessão e profissionalização. Sem o seu apoio, dificilmente os processos serão conduzidos de maneira eficaz. As empresas foram criadas por eles e acabam confundindo-se com eles, com um formato totalmente identificado com as características dos seus criadores. Esse fato promove um quadro que pode trazer dificuldades para a transferência do poder e para a implementação de uma gestão mais profissionalizada.

Dentro desse contexto de total ligação entre os fundadores e herdeiros, deve ser realizada a sucessão da empresa e também a profissionalização da gestão. Para tal, o papel do fundador como condutor dos processos é crucial, pois, além de ter informações essenciais, ele conhece os tortuosos caminhos dos jogos de poder existentes na relação entre empresa e família.

Neste sentido, recomenda-se que os fundadores sejam conscientizados para que essas mudanças na vida das empresas familiares sejam feitas com eles em vida, pois sem o apoio deles tornam-se muito difíceis de serem realizadas de maneira eficaz.

Planejamento da sucessão

A ausência do planejamento formal para a transferência do poder (sucessão) é a maior dificuldade para a sua efetiva realização. É importante observar que o desenvolvimento de um planejamento para a sucessão não pode garantir um resultado favorável para os participantes do processo, mas tem condições de criar um ambiente mais propício para a finalização da transferência do poder de uma geração para a outra. Ainda não existe um modelo consagrado para o planejamento da sucessão, mas alguns pontos devem ser observados para a sua elaboração:

- Preparação adequada dos sucessores;
- Administração de conflitos familiares;

- Descentralização do poder por parte do fundador;
- Planejamento patrimonial;
- Escolha do sucessor;
- Desenvolvimento conjunto da visão estratégica da empresa;
- Adequação de agentes influentes no processo, como a família, empregados, clientes e fornecedores;
- Estruturação da área de recursos humanos, com perfil de cargo, competências e avaliações de desempenho.

Outro ponto a ser levado em conta é o fato de que as empresas familiares são constituídas por dois sistemas: a empresa e a família. Esses sistemas têm características opostas, sendo um voltado para a razão e o outro para a emoção. Quando as regras dos sistemas entram em confronto, os conflitos aparecem. Para evitar isso, os participantes devem estabelecer regras de convivência entre a empresa e a família de forma participativa, de modo que exista maior probabilidade de comprometimento entre as partes.

No processo de formar um líder, é preciso ter em mente as qualidades necessárias para exercer esse difícil papel. A pesquisadora americana Alicia Turner Foster, em artigo publicado na *Family Business Review*, identifica quatro características básicas no líder de uma empresa:

- Conhecimento do setor. É preciso ter uma visão clara do mercado, da concorrência, dos aspectos legais ligados ao setor. Deve-se conhecer a evolução passada, a fim de poder prever tendências e mudanças.
- Conhecimento básico do produto e de negócios. O futuro líder deverá conhecer a fundo os produtos, as técnicas de fabricação, o suprimento das matérias-primas cruciais e, ao mesmo tempo, entender o mercado, os seus acionistas e suas necessidades. Em suma, além da visão global do setor citada no item anterior, ele precisa conhecer a fundo a empresa por dentro.
- Capacidade de liderança. O líder precisa saber motivar, inspirar, formar alianças à sua volta. Esse talento pode ser desenvolvido a partir das experiências vividas.

- Autoconhecimento. Conhecer-se e compreender-se é essencial para um líder. Ele precisa saber quais são suas forças e fraquezas, onde pode agir sozinho, onde deve procurar apoio.

A essas quatro, pode ser acrescentada mais uma: a vontade de exercer o papel. Infelizmente, ainda acontece muito de o filho ir trabalhar com o pai simplesmente porque é isso que se espera dele. Esse jovem possivelmente irá sacrificar sua vida inteira para não correr o risco de desagradar ao pai, ao invés de criar coragem e dizer com clareza que sua vocação é outra.

Em seguida, Alicia Turner Foster cita estratégias para desenvolver a capacidade de liderança:

- Desafios estimulantes. Aprende se muito mais fazendo que olhando os outros fazerem. Cada vez que se enfrenta um desafio novo, conseguindo superá-lo, essa experiência enriquece e amadurece.

- *Feedback* permanente. É fundamental receber *feedback* dos colegas e chefes para que o jovem executivo aprenda a se conhecer, a corrigir suas falhas. Isso frequentemente é difícil, já que boa parte dos funcionários tem medo de fazer críticas ao filho do patrão.

- Aprendendo com os outros. Aprender com os mais velhos é muito importante. Não necessariamente com membros da família – muitas vezes um jovem tende a rejeitar as opiniões do pai ou de um tio e elege um amigo da família, ou um executivo profissional, como mentor.

- Cursos e leituras. Aprendizado é um programa para a vida inteira. Um executivo, em qualquer nível, deve ter como meta fazer pelo menos um curso ou seminário por ano, e estar sempre procurando leituras que lhe tragam novas ideias e conhecimentos.

Regras para a sucessão

O primeiro item das regras para a sucessão do executivo-chefe, que deveria ter lugar de destaque no acordo entre os sócios, é determinar a época da sucessão. É imperativo evitar que os chefes tentem se perpetuar no poder, coisa que, infelizmente, faz parte da natureza humana.

Deve ser determinada uma idade de aposentadoria a partir da qual os executivos-chefes passarão para o Conselho. Essa idade não deveria ser muita avançada.

É claro que, mesmo com mais idade, o fundador ainda tem muito a contribuir, mas essa contribuição pode ser dada no Conselho, abrindo caminho para a geração seguinte, que, com idades entre os 30 e 40 anos, já estará ansiosa para tomar o poder. O Conselho supervisionará esses jovens, cuja eventual falta de experiência será suprida pelos mais velhos.

É preciso disciplinar a entrada dos futuros herdeiros na empresa. Isso não pode ser feito de forma desorganizada. Uma prioridade é evitar que os filhos de acionistas ou cotistas que têm cargo na empresa sejam preferidos em relação a filhos daqueles parentes que são também acionistas, mas não estão lá dentro. Todos devem ter direitos iguais, e devem ser fixados requisitos mínimos (estudos, emprego fora) válidos igualmente para todos, pois serão sócios um dia.

Quando as famílias começam a crescer, e existe a possibilidade de vários irmãos ou primos disputarem a chefia, é preciso usar uma regra preestabelecida para a escolha do futuro líder. A escolha deveria ser feita por mérito e de forma democrática. Ninguém deve se tornar o chefe só por ser o mais velho, ou filho do atual chefe. Esse possivelmente é o maior ponto de criação de conflitos nas empresas de família.

Peter Drucker, em seu livro *Administrando em tempos de grandes mudanças*, diz que a escolha do sucessor tem de ser confiada a uma pessoa que não pertença à família nem à empresa, para que haja total isenção. Embora esse seja um caminho que possa ser considerado, há também muitos casos de sucesso em que membros da família assumem cargos executivos.

O que não pode ser negligenciado é o fato de que o gestor corporativo deve ter as competências necessárias para assumir os negócios, sendo membro da família ou não.

Existem duas teorias a respeito do acesso de membros da família a cargos na empresa. Uma, bastante usada na Europa, é que a cada geração escolhe-se um membro da família que será o futuro chefe, e só ele terá emprego na empresa.

A outra teoria, usual no Brasil, é a de portas abertas para a família. Essa é uma prática perigosa. Famílias podem abrigar pessoas menos competentes e demiti-las será complicado se já estiverem na empresa, podendo ser a causa de graves conflitos familiares. O "cabide de emprego", ou seja, aquela empresa que tem lugar para todo mundo, mais cedo ou mais tarde terá problemas.

Outro aspecto importante dessa questão das regras para o acesso dos membros da família à empresa, e para a sucessão do comando, é a motivação ou desmotivação dos profissionais que lá trabalham.

A empresa familiar precisa de profissionais capacitados em todos os níveis, independente do tamanho da família e do nível de competência dos seus membros. Não há empresa familiar que não conte com a colaboração de gerentes e diretoria profissionais. Os profissionais que não pertencem à família tendem a ficar altamente desestimulados se percebem que suas chances de crescimento são prejudicadas em função do protecionismo familiar.

A existência de regras claras pode amenizar o problema. Se o profissional souber que a presidência será sempre de um membro da família, mas que até o nível de diretor ele tem boas chances de subir, já enxerga oportunidades. Se, ao contrário, não houver regras e os membros da família estiverem ameaçando em todos os níveis, os bons profissionais tenderão a não ficar na empresa. A convicção de que membros da família são promovidos sem qualquer critério de mérito é um fator extremamente desmotivador.

Abaixo está transcrito um trecho elucidativo de uma entrevista com um profissional de empresa familiar:

> *"Na história da empresa em que eu trabalho há dezenas de exemplos de pessoas da família, em que se tentou colocá-las em várias funções, dando oportunidades excessivas... Existem dois tipos de pessoas na companhia: os que são da família, com quem se tem uma tolerância maior para erros, e os que não são, que têm menos oportunidades e têm a obrigação de errar menos".*

Muitas empresas familiares estabelecem como regra a necessidade de aprimoramento dos jovens profissionais pertencentes à família, por meio de experiências no mercado, até que se consolidem as habilidades e os resultados necessários para desenvolvimento das funções executivas nos negócios familiares. Com isso, esses jovens serão mais respeitados pelos profissionais da organização e terão mais confiança na consecução de seus objetivos.

Além disso, essa estada em outra empresa fará com que conheçam outra cultura empresarial, evitando que absorvam os eventuais vícios que qualquer organização tem.

Embora existam inúmeras formas de se desenvolver a sucessão familiar, muitos pontos podem ser definidos nos acordos societários, identificados em cláusulas que versem sobre: transações acionárias entre sócios; políticas de investimento/reservas/distribuição; políticas para associações, incorporações ou vendas; remuneração capital/trabalho; critérios para entrada / carreira / saída de familiares na empresa; uso de bens e serviços da empresa pelos sócios; negócios pessoais dos sócios; empresas de sócios ou familiares que prestam serviços à empresa; aval pessoal; conduta pessoal dos sócios; segurança pessoal dos sócios e familiares; sucessão na sociedade/gestão e falecimento/afastamento/aposentadoria do sócio, conforme apresentado no capítulo II.

CAPÍTULO VI
COMPORTAMENTO ORGANIZACIONAL E O DESENVOLVIMENTO DE GOVERNANÇA CORPORATIVA

Segundo Stephen Robbins, comportamento organizacional é um campo de estudos que investiga o impacto que indivíduos, grupos e a estrutura têm sobre o comportamento dentro das organizações, com o propósito de utilizar esse conhecimento para melhorar a eficácia organizacional.

Para tanto, é necessário entender que vários fatores afetam a dinâmica dos Conselhos de Administração a partir de ações e comportamentos, que precisam ser contextualizados para efeito de entendimento.

Neste capítulo, iremos tratar de três dos aspectos vinculados ao comportamento nas organizações, que são: delegação, autoridade e responsabilidade.

Delegação de autoridade e responsabilidade

O Conselho de Administração tem responsabilidade e autoridade finais dentro da organização. Entretanto, precisa delegar parte da sua responsabilidade e autoridade, para que o diretor geral possa gerir as operações da organização e tornar o seu trabalho eficiente e eficaz.

A delegação consiste em pedir que outra pessoa faça algo no seu lugar. Algumas pessoas podem se sentir tentadas a delegar as tarefas com as quais não querem se envolver. Entretanto, delegar não significa livrar-se da responsabilidade por algo. A pessoa que delega a tarefa ainda é responsável por fazer com que ela seja realizada.

Como assegurar que a autoridade delegada, a responsabilidade e os sistemas de prestação de contas sejam claramente comunicados e entendidos? Uma das maiores causas de confusão nas organizações é a falta de conhecimento sobre quem tem autoridade e responsabilidade por quais tarefas. Isto resulta em lacunas, duplicação e mau manejo de recursos.

É importante que a pessoa esteja ciente da sua autoridade ou responsabilidade e do grau destas. É fundamental, também, a definição de quais responsabilidades os outros têm e com quem falar para obter permissão para certas coisas. A autoridade e a responsabilidade devem estar descritas claramente, e todos devem ter acesso a esse documento na organização.

Além disso, a autoridade e a responsabilidade devem estar registradas nas descrições dos cargos individuais.

Autoridade

- O diretor geral tem autoridade para gerar as operações da organização.

Limite da autoridade

- O diretor geral não pode assumir responsabilidade de governabilidade.

Responsabilidades

- O diretor geral deve criar uma equipe de liderança constituída de funcionários seniores para oferecer apoio e ajudar a tomar decisões.

Autoridade, responsabilidade e prestação de contas

Os termos autoridade, responsabilidade e prestação de contas são frequentemente mal entendidos, o que pode causar confusão, problemas e ineficácia.

Responsabilidade é o que é esperado de alguém. Por exemplo, a descrição de um cargo descreve as tarefas que a pessoa deve realizar.

Autoridade é o poder para agir sem ter que obter permissão das pessoas que delegaram a autoridade. Por exemplo, se o Conselho de Administração der autoridade ao diretor geral para recrutar funcionários, esse executivo não precisará obter a aprovação do Conselho cada vez que tiver de contratar alguém.

É possível ter responsabilidade sem autoridade, mas a autoridade sempre vem acompanhada de responsabilidade.

Tanto a responsabilidade quanto a autoridade estão ligadas à prestação de contas. Prestação de contas significa responder pelo resultado das próprias ações ou da falta de ação. Portanto, está presente onde quer que haja uma relação entre duas pessoas.

- As pessoas com autoridade devem prestar contas às pessoas que lhe deram a autoridade;
- As pessoas com responsabilidade devem prestar contas às pessoas que lhe deram essa responsabilidade.

É comum ver a prestação de contas como algo negativo, em que as pessoas só procuram uma oportunidade para responsabilizar os outros quando fizeram algo errado. Entretanto, a prestação de contas também pode ser algo positivo, que podemos usar para o desenvolvimento mútuo.

A autoridade geralmente é conferida ao Conselho de Administração pelos membros da organização.

A responsabilidade do Conselho é garantir que a organização cumpra o seu propósito. Assim sendo, deve prestar contas às pessoas que lhe conferiram autoridade e às pessoas que são afetadas pelo trabalho da organização. Deve, ainda, responder perante o governo, uma vez que há aspectos legais a cumprir. Caso faça parte de uma rede de trabalho, a prestação de contas deve se estender aos parceiros empresariais. Se a organização fracassar, ou se a sua reputação for prejudicada, pode ser forçada a deixar a rede. Uma vez que o Conselho de Administração consiste num grupo de pessoas, há certo grau de autoprestação de contas. Cada membro do grupo exige que os outros membros prestem contas.

Delegação

O Conselho de Administração não tem a capacidade para administrar a organização isoladamente. Portanto, deve delegar parte da autoridade e da responsabilidade ao diretor geral, no que se refere à gestão, para concentrar-se na governabilidade.

As questões a considerar são o planejamento, a gestão financeira, a captação de recursos, a gestão dos funcionários, a gestão dos programas e projetos e as relações públicas.

Deve-se responder às seguintes perguntas: Que funções poderiam ser mais bem desempenhadas por funcionários? A quem delegar?

Questões importantes:

- É necessário que o Conselho de Administração decida a quem gostaria de delegar;
- A autoridade e a responsabilidade pela mesma função nunca devem ser delegadas a mais de uma pessoa. Isto porque é difícil fazê-las prestar contas. Se as coisas derem errado, as pessoas podem se

culpar umas às outras e recusar-se a se responsabilizar.

Há questões a serem consideradas, ao se decidir a quem delegar:

- A pessoa tem habilidades e experiência para desempenhar a função?
- Está disponível para desempenhar a função?
- Há algo que a impeça de desempenhar bem a função?
- Está sobrecarregada ou já possui autoridade ou responsabilidade demais?
- É de confiança?
- Estará comprometida com a função?
- Tem condições de desempenhar bem a função?
- Elaborará os relatórios sem se atrasar?

CAPÍTULO VII

GESTÃO DE PESSOAS E SEUS REFLEXOS NAS EMPRESAS FAMILIARES

Desenvolver ações inerentes à gestão de pessoas é, basicamente, um processo de adoção de crenças e filosofia (valores e visão), além da definição de métodos e instrumentos.

É essencial concretizar a profissionalização de uma empresa familiar, com a inclusão de políticas e práticas de RH discutidas nos conselhos societários e de administração.

As ações de RH devem ser descentralizadas aos gestores das áreas e ter sistemas de controle e acompanhamento, de forma a permitir correção de desvios, aprimoramento dos funcionários e educação gerencial para os líderes.

Para que haja bons resultados em gestão de pessoas são necessários:

- Estabelecimento de objetivos claros;
- Introdução de índices de desempenho nos perfis de cargos para avaliações de competências;
- Hierarquia clara, comunicando sua estrutura e organograma, com cargos e faixas salariais definidas;
- Regras e normas de conduta;
- Desenvolvimento de todos os subsistemas de gestão de pessoas de forma interagente e interdependente.

Serão apresentados a seguir todos os subsistemas de gestão de pessoas. A empresa deve assumir uma atitude profissional quanto à forma de lidar com seus colaboradores. Criar uma estrutura sólida é o primeiro passo para geração de vantagem competitiva e ganho de produtividade.

O grande fator impulsionador das organizações, de uma forma geral, são as pessoas. Nas empresas familiares essa situação é mais dinamizada, em virtude da exacerbação de sentimentos que envolvem não somente os membros da família, mas também todos aqueles que se relacionam nesse ambiente. Assim, toda a forma de gestão de pessoas deve ser pensada e direcionada de maneira estratégica, para que não haja degeneração das relações e, consequentemente, dos negócios.

A área de Recursos Humanos é muito sensível às mudanças que ocorrem na organização. Dessa forma, deve ser considerada como uma das vertentes para desenvolver a estratégia corporativa, além de atuar em seu modelo operacional. Porém, nem sempre é essa a imagem transmitida, seja na própria área de RH ou nas demais áreas da empresa. Isto é surpreendente quando se analisam as características do ambiente em que estão imersas as organizações modernas, que está repleto de indefinições, incertezas, restrições, ameaças e oportunidades de toda espécie, onde as palavras-chave são: competitividade e longevidade.

A fórmula da longevidade é perseguida pelas empresas familiares, que, historicamente, têm uma alta taxa de mortalidade.

Independentemente de serem familiares ou não, as empresas mantêm um discurso que destaca a importância da área voltada para gestão de pessoas, já que "gente talentosa" faz parte de um ativo raro e dificilmente imitável, o que torna o capital humano um recurso altamente competitivo. Assim, reconhece-se que pessoas são geradoras de valor e não meros recursos.

As atividades vinculadas a Recursos Humanos podem ser definidas por meio das seguintes ferramentas: diagnóstico e planejamento em recursos humanos, recrutamento, seleção, análise e descrição de cargos, salários e benefícios, carreiras, higiene e segurança no trabalho, treinamento e desenvolvimento de pessoal, desenvolvimento e mudança organizacional, avaliação de desempenho, relação com empregados.

As atividades podem ser realizadas por meio da operacionalização das ferramentas de gestão de pessoas, mas devem ser planejadas e desenvolvidas estrategicamente, de forma a permitir que as ações estejam vinculadas aos objetivos gerais da organização. O papel do RH Estratégico é desenvolver e manter talentos. Isso permitirá que a empresa consiga alcançar suas metas e gerar vantagem competitiva.

O enfoque estratégico para a área de Recursos Humanos

A estratégia e o planejamento de Recursos Humanos têm mudado e crescido significativamente nos últimos 25 anos (Gubman, 2004). Pode-se mapear esse desenvolvimento por meio das mudanças dos últimos 30 anos. Viu-se uma evolução desde o pensamento pouco estratégico (anterior à década de 1980), o aparecimento de estratégias funcionais (década de 1980), a proposta de desenvolvimento de capacidades estratégicas (nos anos iniciais da década de 1990), até a visão atual, de busca de alinhamento da área aos resultados estratégicos.

Essas mudanças na área de RH espelharam-se nas transformações do mercado de trabalho e das rupturas verificadas no pensamento relacionado às estratégias de negócios, notadamente na discussão relacionada à competitividade e ao desenvolvimento de competências essenciais para o negócio.

Enquanto a operacionalização das ferramentas era basicamente o desenvolvimento das funções clássicas da área de RH, voltadas para atender a alguma demanda da empresa, as capacidades estratégicas tinham como foco o estudo da cultura, das competências e do desenvolvimento do comprometimento dos empregados para que a empresa alcançasse seus objetivos.

A visão atual pressupõe que a área de RH desenvolva os processos inerentes a atração, provimento e retenção de pessoas; alinhamento, mensuração e remuneração alinhada à performance da empresa e dos empregados; controle de investimento em pessoas de acordo com as demandas da empresa (Gubman, 2004). Assim, o foco das ações de RH é mutável. Pode variar de acordo com as alterações no cenário no qual a organização está inserida, o momento que atravessa e/ou o mercado em que atua.

Essa visão estratégica da área de Recursos Humanos é essencial para que uma empresa se expanda local e globalmente.

Globalização, tecnologia e mudanças sociais têm contribuído para a emergência de mercados e competidores, crescentes pressões de acionistas e desafios cada vez maiores em relação a custo, tempo de desenvolvimento de produtos e serviços e qualidade.

As funções de RH devem estar alinhadas ao propósito da organização, dando um suporte consistente à estratégia do negócio (Ashton et al., 2004).

Pesquisa feita em 2003 pela Accenture, entre 1.000 líderes (Ashton et al., 2004), mostrou que apenas 34% deles avaliavam a área como boa, embora 83% informassem que ela é crítica para o sucesso do negócio. O estudo feito pelos autores mostra que CEOs e diretores de RH têm, na verdade, diferentes pontos de vista em relação às prioridades.

Ashton et al. (2004) apontam que o RH tem três capacidades-chave que devem atuar de maneira simultânea para ajudar as empresas a serem competitivas:

- Em primeiro lugar, distribuir os serviços relacionados a processos de RH, de modo que todos os empregados possam ter acesso aos canais internos ou externos a eles relacionados;
- Em segundo lugar, estabelecer serviços de consultoria de gestão de RH que funcionem como parceiros para executivos, unidades de negócio e gestores de linha. Esse tipo de consultoria deve estar ligado às necessidades específicas, oferecendo serviços ligados às competências essenciais e aos aspectos de diferenciação que sejam chave para o negócio;
- Em terceiro lugar, oferecer mais apoio e serviços estratégicos para a direção da organização. Esta terceira opção é vista pelos autores como o futuro, envolvendo significativas mudanças, que devem ser feitas na mesma velocidade e nas mesmas condições de custo exigidas para o negócio em si.

Além disso, os mesmos autores propõem seis características para que a área de RH seja estratégica:

- Foco na estratégia do negócio, baseada na compreensão do negócio em si;
- Medidas de desempenho dos objetivos que sejam alinhadas aos objetivos do negócio;
- Alta competência na análise de causa e efeito, priorização e execução de programas da área, o que envolve habilidades analíticas;
- Excelência em serviços de relacionamento e competências para desenvolver o nível de tecnologia da informação;
- Atuação na estrutura da organização e no desenvolvimento de capacidades que estejam alinhadas a ambientes que exigem alto desempenho;
- Oferta de gestão de relacionamentos, de modo a equilibrar oferta, demanda e expectativas de clientes internos, escolhendo prioridades e alterando alvos, sempre que necessário.

Em outras palavras, é preciso que a equipe de RH pense como gestor do negócio, o que, segundo os autores, tradicionalmente não ocorre, uma vez que gestores de RH não adotam as crenças dos outros e não atuam como tal.

Vê-se na discussão acima que os gestores e áreas de RH precisam migrar de um modelo mais transacional para atuarem como parceiros estratégicos do negócio. Isto leva a duas questões:

- Como saber se uma empresa está caminhando nesse curso?
- Que ações específicas podem ser desenvolvidas para mudar de maneira mais eficiente e eficaz?

Jacobs (2004) oferece cinco questões para análise do quanto uma empresa está caminhando em direção à estratégia:

- O gestor da área de RH está fortemente envolvido ou faz sólidas contribuições para as decisões relacionadas à estratégia do negócio? Os gestores de outras áreas veem a área de RH como contribuindo de maneira efetiva para gestão de mudanças organizacionais?
- A organização está preocupada em formar gestores que possam viabilizar, com qualidade, as ações de gestão de pessoas em suas áreas de atuação?
- A agenda da área está alinhada às estratégias gerais do negócio?
- A área participa de reuniões com o diretor geral para prover consultoria em relação às estratégias gerais da empresa, e não só às de RH?
- A área de RH implementa mudanças com enfoques determinantes para ajudar a empresa a alcançar seus pontos críticos de sucesso?

A área de RH busca construir suas atividades em processos que suportem a execução dos demais processos organizacionais. Assim sendo, sua ação pressupõe a revisão contínua de suas atividades cotidianas e estratégicas por meio de três análises básicas, considerando fatores de impacto direto, mas entendendo que existem reflexos globalizados que afetam os mecanismos relacionados:

- Qual o mercado em que a empresa está inserida (características de clientes, concorrentes, fornecedores, instituições de classe e instituições financeiras etc.)?

- Qual o perfil da empresa (cultura, porte, produtos e/ou serviços, representatividade no mercado, finanças internas etc.)?
- Qual o perfil de seus empregados (grau de qualificação, escolaridade, perfil socioeconômico etc.)?

Embora exista uma vasta literatura sobre o assunto, não há uma fórmula única de trabalho e atuação. Fatores relacionados à localidade também são de suma importância para o bom desenvolvimento do trabalho de gestão de pessoas. Os gestores têm que lidar com o desafio de pensar globalmente e agir localmente, definindo assim a forma como apresentarão os serviços prestados de RH e que foram definidos em âmbito estratégico. O modelo de atuação dependerá, fundamentalmente, do contorno cultural da organização.

Cada empresa desenvolve uma cultura organizacional própria, claramente identificada por seus empregados e que a distingue das demais empresas, o que traz inúmeros benefícios:

- Confere a ela uma identidade, quase uma marca, que facilita a comunicação entre os seus membros;
- Reduz incertezas, uma vez que cada membro sabe o que dele se espera;
- Cria ordem social, pelas normas vigentes;
- Garante continuidade da identidade, pela difusão das crenças e valores através de cada geração que se sucede dentro da empresa;
- Possibilita comprometimento, pelo nível de identificação que cada empregado tem com os valores dominantes (Cameron e Quinn, 1999, p. 4).

De maneira geral, pode-se dizer que a visão estratégica de Recursos Humanos está calcada na ênfase que envolve ganhos em vantagem competitiva por meio da utilização eficiente, eficaz e efetiva de recursos internos da organização. Seus resultados serão vistos à medida que o empregado tenha afinidade com os valores organizacionais, os gestores sejam qualificados e desenvolvam suas atividades em parceria com o

RH e a organização tenha clareza sobre sua missão, seus propósitos, seus valores e objetivos gerais.

Além dessas questões, cabe ressaltar que todas as ferramentas de gestão de pessoas devem ser realizadas operacionalmente, ou seja, precisam ser conduzidas de forma clara em consonância com os objetivos operacionais e pensadas estrategicamente, vinculadas aos objetivos gerais da organização.

Recrutamento e seleção

É fundamental desenvolver um modelo de ingresso dos funcionários, de forma a permitir que os admitidos se ajustem à estrutura corporativa, integrando-se ao modelo cultural vigente.

É necessário que os processos de recrutamento e seleção estejam ajustados ao modelo funcional esperado na organização. Para isso, as ferramentas utilizadas devem maximizar os resultados esperados, racionalizando o processo e permitindo que o funcionário certo esteja inserido no cargo mais adequado ao seu perfil.

Vamos entender, então, as bases para o recrutamento e a seleção.

Recrutamento é definido como um processo de atração de candidatos qualificados. Sua execução é uma operação que deverá estar vinculada à estratégia organizacional.

Para ficar mais claro, façamos uma distinção entre os reflexos do recrutamento no contexto operacional e estratégico, a saber:

- Operação – é quando há o anúncio da vaga, por qualquer meio utilizado pela organização;
- Estratégia – é quando o recrutamento é realizado para que se possa cumprir uma necessidade de vantagem competitiva.

Para garantir que a operação seja eficiente, cabe avaliar a natureza do recrutamento:

- Recrutamento Interno: ocorre quando a captação de candidatos é feita dentro da empresa. O objetivo é mover o empregado horizontalmente ou verticalmente. É um fator motivador, pois tal movimentação se dá por meio de promoção.

Tem a vantagem de garantir que o empregado se adapte mais rapidamente ao novo cargo, pois já entende e vivencia a cultura da organização. Além disso, propicia uma análise de seu desempenho por parte do novo gestor, visto que o candidato já atua na empresa.

- Recrutamento Externo: ocorre quando há uma busca de candidatos externa à empresa. O custo deste tipo de recrutamento é mais alto: os veículos de comunicação devem abranger o mercado; a adaptação do empregado no cargo demora mais. Porém, o recrutamento externo tem grande eficácia quando a organização quer desenvolver novos padrões de ação, mudanças organizacionais ou modelos de comportamento diferentes daqueles praticados.

Os principais veículos para atração de pessoas são:

Agências de recrutamento: podem ser públicas (federais, estaduais e municipais), particulares ou vinculadas a entidades sem fins lucrativos. Deve ser transmitida, à agência contratada, a definição do perfil da empresa e da posição. Isso reduz a atração de candidatos que não representem o perfil desejado. Algumas agências também fazem o trabalho de *headhunter*, ou seja, "caçam" talentos no mercado. Esse trabalho requer uma abordagem diferenciada e se destina a obter candidatos para cargos executivos ou cargos técnicos altamente especializados. As agências particulares podem ter alto custo para a organização, mas preservam a imagem da empresa, pois muitas vezes o nome da contratante não é divulgado. Além disso, observa-se a vantagem de terceirizar um trabalho que demanda tempo e esforço excessivo de profissionais da própria organização. De forma indireta, há uma redução de custo do processo.

Indicação: uma das formas mais disseminadas de recrutamento, principalmente porque há uma minimização de custos inerentes ao processo. A indicação deve ser bem-vinda: é um veículo barato e confiável, uma vez que quem indica não o faz com a intenção de oferecer candidatos inadequados ou desqualificados. Cabe ressaltar que a eficácia desse mecanismo de recrutamento se dá, principalmente, quando a empresa tem liberdade total para demitir o funcionário em questão, se for necessário. Podem ocorrer problemas, como o candidato ter uma relação de parentesco com gestores da empresa. Nesse caso, sua demissão pode causar uma crise familiar. Se a indicação partir de um grande cliente ou fornecedor, a demissão pode gerar problemas de operacionalização ou perdas organizacionais. Cabe à empresa avaliar as situações de risco.

Contatos com escolas técnicas e universidades: boa opção para recrutamento, principalmente porque o processo ocorre por meio da atração em local específico, com captação de perfil técnico/profissional definido pela *expertise* da instituição de ensino. Tem bons resultados desde que a empresa avalie alguns fatores antes de escolher a instituição alvo do recrutamento:

- Desempenho de alunos e ex-alunos no mercado de trabalho;
- Qualidade da formação oferecida, nas áreas críticas desejadas pela empresa (finanças, marketing, técnico industrial etc.).

Internet: O *link* "Fale conosco" tem algumas especificidades a serem consideradas para garantir a eficácia da ferramenta:

- A empresa deve ter uma área de atuação, um nome e/ou imagem disseminados no mercado, que assegurem atratividade, gerando acessos frequentes de pessoas interessadas em fazer parte da organização;
- É necessário desenvolver um banco de dados com separação automática de perfis para facilitar o trabalho do recrutador/selecionador, caso contrário poderá ficar inviável a administração dos currículos.

Anúncios em jornais e revistas especializadas: são realizados para permitir a atração em massa de candidatos. Para utilizar um recurso como esse, a empresa deve ter um processo de seleção estruturado em diversas fases, com possibilidade de eliminação em etapas, de maneira a permitir a escolha de um pequeno grupo para as entrevistas com o gestor.

Um recrutamento como esse oferece mais subsídios para o processo seletivo: haverá um grande número de candidatos, permitindo uma escolha melhor.

Para que a seleção seja bem feita, os anúncios devem ser veiculados em revistas, jornais e periódicos acessados por pessoas com o perfil desejado pela empresa. Além disso, é fundamental que a mensagem seja atraente e com uma linguagem direcionada ao profissional solicitado. Deve ser lembrado ainda que, quanto mais alto o nível hierárquico desejado, maior atratividade exerce um anúncio destacado. Os anúncios são de dois tipos:

- Anúncio Aberto – Revela o nome da empresa na solicitação de candidatos para o processo seletivo. Caso a imagem projetada pela empresa no mercado seja boa, essa forma é vantajosa, pois atrai profissionais. A desvantagem é a exposição. A empresa pode ter inúmeras solicitações de informações por telefone e e-mail a respeito da vaga, o que sobrecarrega o RH. Além disso, caso o processo não seja bem conduzido, ou o perfil não seja encontrado, uma reedição do recrutamento pode parecer ao mercado que a empresa tem algum problema interno, ou que ela não é atrativa para aqueles que desejam a vaga.

- Anúncio Fechado – Oculta o nome da empresa no anúncio. Nesse caso, o fator de atração não é a imagem da empresa, mas o perfil da vaga. Há a necessidade de expor um fator de atração que chame a atenção dos candidatos com qualificação. Exemplo: empresa de grande porte do setor metalúrgico, gerência geral de vendas, oportunidade de carreira em empresa sólida no mercado. Tem a vantagem de resguardar o nome da empresa e preservar a vaga e a organização de uma exposição excessiva no mercado. A desvantagem fica a cargo da desconfiança que os candidatos podem ter em relação ao tipo de empresa que fez a solicitação.

Cartazes em locais visíveis: mais utilizados para recrutamento de candidatos com baixa qualificação técnico/profissional. É um mecanismo barato.

Depois de atrair os candidatos, o processo de seletivo pode ser realizado por meio de:

- Análise de currículos: o que deve ser avaliado são as características básicas explicitadas pelo candidato. É um processo de pré-triagem para que os candidatos com perfil mais ajustado à vaga sejam chamados aos testes ou entrevistas;

- Testes de conhecimento: são aplicados para a observação de aspectos vinculados a linguagem escrita e argumentação verbal, lógica, línguas, capacidade analítica de assuntos contemporâneos. São aplicadas provas que possam mensurar características mínimas para exercer as funções do cargo;

- Dinâmica de grupo: tem como objetivo avaliar as reações comportamentais que um candidato tem diante de um grupo, obtidas por meio de estímulos que os selecionados imprimem aos participantes;
- Entrevista de seleção: é a ferramenta que permite ter um contato direto e, quase sempre, face a face entre entrevistador e entrevistado.

Todo entrevistador deve conhecer a organização e seus pressupostos fundamentais, além de ter um bom conhecimento sobre a vaga a que o candidato concorre. Independentemente do estilo do entrevistador, a entrevista não pode ser considerada "bate-papo", em virtude do risco de perda de informações por conta de divagações.

A entrevista pode ser:

- Totalmente estruturada: com roteiro de perguntas previamente estabelecido e respostas fechadas (sim/não, certo/errado, concordo/não concordo). Esse tipo de entrevista é eficiente quando o entrevistador tem pouca experiência. Também é utilizado no processo seletivo para certificação dos dados registrados no currículo. Tem a desvantagem de limitar a coleta de dados, por não permitir qualquer amplitude nas perguntas ou respostas;
- Semiestruturada: com roteiro prévio para perguntas ou base estabelecida de respostas, porém permitindo a flexibilidade do entrevistador em ampliar sua base de coleta de dados. É eficiente quando o entrevistador tem experiência e pode ampliar a coleta de dados, visto que estrutura não é rígida. Tem limitações para selecionadores com pouca prática e/ou pouco conhecimento sobre a empresa;
- Aberta: não há roteiro preestabelecido. O entrevistador, que deve ser experiente, tem plena liberdade para questionar o entrevistado.

Desenvolvimento de pessoas

As empresas familiares, assim como as demais organizações, devem primar pela capacidade de desenvolver e disseminar conhecimentos. Alguns dos maiores pensadores em administração afirmam que as ações organizacionais estão mais focadas em captar informação e transformá-la em conhecimento aplicado à realidade organizacional, a partir das necessidades dos clientes e *know how* de sua rede de relacionamentos.

O processo de qualificação profissional não pode estar baseado somente nas questões que envolvam treinamento técnico, devendo também abranger a educação corporativa. É necessário disseminar a cultura da organização e inserir no funcionário as diretrizes básicas de comportamento, estruturadas a partir dos valores da empresa. Em se tratando de empresas familiares, isso é ainda mais forte, pois os valores estabelecidos pelo fundador definem a identidade da organização.

O treinamento e o desenvolvimento têm um papel essencial no crescimento de uma organização, como comprovam vários estudos. Pettigrew et al. (1988) já discutiam, há quase vinte anos, que a função do treinamento poderia ir além da promoção da qualificação técnica ou do desenvolvimento de capacidades alinhadas ao mercado. Para esses autores, há quatro aspectos relacionados ao crescimento da atividade de treinamento e desenvolvimento em uma empresa:

- Fatores Estratégicos – deve-se verificar a evolução da empresa (presente e futura), os parâmetros utilizados, a qualificação exigida para atingir os objetivos e direcionamentos esperados. Os fatores estratégicos referem-se às mudanças tecnológicas e do mercado, provocando deficiências de habilidades, especialmente em empresas com base tecnológica, nas quais treinamento em alto nível muitas vezes é uma das únicas opções viáveis para manter a competitividade;

- Política e Personalidade da Empresa – a política define as bases que permeiam a estruturação de ações para que se possa realizar a tarefa de treinamento e desenvolvimento propriamente dita. Há necessidade de uma filosofia que seja apoiadora de treinamento e que seja traduzida em níveis de responsabilidade da companhia, no tocante à criação de estruturas para identificação de necessidades, criação e compartilhamento de treinamento. A política está respaldada pelo perfil organizacional, que é a personalidade impressa dentro e fora da empresa. Exemplos: empresa inovadora, empresa formal e burocratizada, empresa informal e moderna etc. Com base nesse perfil, o modelo de desenvolvimento e de qualificação será impresso no corpo organizacional e manterá a imagem construída interna e externamente;

- Restrições de Tempo – envolvem a urgência da qualificação do profissional. Em muitos casos, os treinamentos ou os programas de desenvolvimento são elaborados a partir de um modelo planejado para seis meses ou até um ano de programação. Porém, caso haja alguma necessidade urgente, a formatação das atividades vai obedecer a uma nova dinâmica de elaboração e implantação. O aspecto relacionado às restrições de tempo refere-se mais a questões operacionais do que estratégicas, pois envolve ações de apoio para cobertura temporária de postos de trabalho, uma barreira frequentemente apresentada pelos gestores de linha;
- Mobilização para a Mudança – é necessário existir alinhamento entre os programas de mudança propostos pela área de RH e as demandas por mudanças nas demais áreas da empresa.

Treinamento

O treinamento é fundamental para que haja desenvolvimento. Cabe então uma distinção de conceitos:

- Treinamento é o processo de aprendizagem inerente às atividades exercidas pelo funcionário e vinculadas ao cargo que este ocupa. Normalmente é de curta duração e focado em questões pontuais ao trabalho realizado;
- Desenvolvimento é um processo de qualificação contínua. É o conjunto de experiências aprendidas ao longo da vida profissional, não necessariamente restritas ao cargo ocupado, mas que permitem crescimento e desenvolvimento de carreira. Realizado em longo prazo, é o parâmetro a ser utilizado na qualificação de um sucessor. Logicamente, é necessário estabelecer treinamento para aprimoramento das habilidades. O objetivo final é o desenvolvimento.

Visto que os processos de treinamento e desenvolvimento são, entre as atividades de RH, as mais caras, estabelece-se a necessidade de programar estratégias que permitam analisar se o investimento efetivamente terá retorno face às expectativas e demandas inerentes aos clientes internos e ao mercado.

Antes da realização do treinamento, é necessário estabelecer diagnósticos, a saber:

- De mercado: para avaliar o ambiente em que a empresa está inserida e ajustar a qualificação interna para não perder competitividade;
- Da empresa: para identificar distorções no modo de condução das atividades ou a necessidade de alinhar comportamentos de acordo com o direcionamento organizacional desejado;
- Do empregado: para avaliar qual o *gap* entre a qualificação real e a ideal.

O treinamento deve então ser planejado, mediante algumas possibilidades de realização, descritas a seguir.

Instrução realizada na atividade: o treinamento no cargo é um recurso fundamental para que haja boa absorção da forma como a ação deve ser conduzida, além de ser complementar a qualquer outro formato.

***E-learning*:** metodologia que permite ensino à distância e que pode ser um bom mecanismo de treinamento, desde que a empresa possua um sistema adequado de ensino. Existem sistemas que podem ser instalados gratuitamente, desde que amparados por um acompanhamento do detentor do programa, a exemplo do Moodle.

Treinamento em sala de aula: tem a vantagem de propiciar interação face a face entre instrutor, aluno e demais colegas. Pode ser feito para permitir integração funcional, garantir a divulgação de modelos comportamentais necessários ao ajuste cultural, ou mesmo o repasse de conteúdo sistematizado pela organização e que poderá repercutir favoravelmente nas atividades funcionais. O custo pode ser alto, visto que o empregado deve estar ausente de suas tarefas corriqueiras. Necessita de sala adequada para o aprendizado, *coffee break*, instrutor, material didático/pedagógico impresso, recursos audiovisuais e equipamentos.

Em se tratando de gestores e herdeiros de empresas familiares, é necessário que o processo esteja respaldado em treinamento com vistas ao desenvolvimento profissional. Quanto mais cedo isto ocorrer, maior sua integração com a empresa e maior a aprendizagem obtida. Esse suporte é necessário para que a ação de gerenciamento do negócio esteja sustentada no conhecimento do todo organizacional e baseado na cultura e nos valores da empresa.

Mas como fazer para verificar se o investimento em desenvolvimento de pessoas representa uma estratégia de intervenção efetiva para a aprendizagem organizacional, tema essencial quando o assunto é competitividade?

Berry e Grieves (2003) apontam que o caminho para tal verificação está na extensão em que esse investimento promove a transferência de aprendizagem e a capacidade de realização de treinamento, além de encorajar o desenvolvimento de um RH estratégico. Para os autores, a transferência de aprendizagem é avaliada pela capacidade que as pessoas têm para utilizar aquilo que aprenderam em programas de treinamento em suas situações reais de trabalho.

A capacidade de treinamento é vista como a habilidade que as organizações têm para promover, desenvolver continuamente e sustentar as habilidades para aprender e criar novos conhecimentos aplicáveis. Essa capacidade é uma mistura de recursos aplicados pela organização para alcançar um determinado fim e do desenvolvimento de competências essenciais à empresa, que possam garantir a ela sua vantagem competitiva.

Quanto ao desenvolvimento de um RH estratégico, os autores apontam que este se relaciona à capacidade que a organização tem de operacionalizar sua missão por meio de fatores críticos de sucesso; de criar indicadores de desempenho que sejam adequados; do desenvolvimento da habilidade para fazer diagnósticos; da aplicação de conhecimentos no processo de transformação cultural; da capacidade de aplicação de competências para relacionar o processo de mudança em curso com o processo planejado. Segundo os autores, todas as ações mencionadas, embora não exatamente alocadas na área de RH, dependem do seu suporte para que a vantagem competitiva se consolide.

Cabe ressaltar que o treinamento deve ser complementado com as demais atividades de recursos humanos, ou seja:

- Bom recrutamento e seleção, para que a empresa tenha material humano qualificado para absorver o investimento do treinamento e obter retorno em produtividade e lucratividade;
- Bom sistema de remuneração (salário + benefícios), para reter os funcionários, principalmente os talentosos, que geram vantagem competitiva para a empresa por meio de seu desempenho diferenciado. Qualificar e perder o empregado para o concorrente, ou não qualificar e ter resultados aquém do necessário ou desejado, é um dos grandes dilemas do empregador. Como a desqualificação do empregado gera pouco retorno para a organização, uma das formas de minimizar a rotatividade é por meio de uma remuneração que seja competitiva em relação às práticas de mercado;
- Boa metodologia de avaliação de desempenho, para que a empresa mensure se o empregado evoluiu em sua produtividade, frente à qualificação oferecida.

Todas as atividades de gestão de pessoas são interdependentes. Não há como desenvolver excelência em apenas uma delas, desconsiderando todas as outras. É um processo sinérgico.

Compensação e benefícios

Em se tratando de recursos humanos, o sistema de pagamento é sinônimo de remuneração, ou seja, política salarial e pacote de benefícios distribuídos aos empregados e o valor percebido por eles em relação ao cargo e função que desempenham na organização. Esse é um diferencial que permite à empresa atrair e reter talentos.

Sistemas de compensação têm fortes impactos sobre o desempenho dos empregados e sobre a competitividade de uma empresa. Compensação é mais do que salário pago ou bônus, já que inclui compensação intrínseca ou psíquica, como *status*, independência e poder (Baron e Kreps, 1999). Assim, pode-se afirmar que o tema é extremamente complexo e precisa ser analisado sob diferentes ângulos.

Do ponto de vista puramente econômico, o trabalho é uma *commodity*: o empregador compra certa quantidade de trabalho do empregado ao preço estabelecido pelo mercado. A questão está em como estabelecer o valor de unidades de trabalho. Modelos econômicos frequentemente posicionam que o salário é o fator motivador, ou seja, desconsideram questões relacionadas à vontade do empregado de estar no trabalho, à sua habilidade em se manter empregado, à autoestima relacionada ao emprego e às atividades lá desenvolvidas, entre outras.

O alinhamento estratégico nessa função de RH está na percepção de que a remuneração variável é interessante, na medida em que força o desempenho para atingir metas. Sistemas de compensação atrelados a resultados individuais ou grupais devem ser criados (Baron e Kreps, 1999)? A distribuição de resultados pode desencadear ações não éticas por parte daqueles que têm o poder de analisar dados e resultados?

Independentemente das respostas obtidas, o formato de compensação e remuneração aplicado pela empresa deve obedecer às seguintes prerrogativas:

- A remuneração deverá atender às exigências legais, definidas por meio da legislação trabalhista, convenção sindical e/ou acordo coletivo de trabalho. Piso salarial da categoria e benefícios obrigatórios devem ser considerados;
- A remuneração deverá ser estruturada considerando a competitividade externa. Deve ser feita uma análise de mercado para a identificação das formas de pagamento praticadas e do modelo de remuneração aplicado pela concorrência;
- Mesmo que esteja equiparável às práticas de mercado, é necessário que haja um ajuste interno, de forma que a remuneração, quando planejada, atenda às exigências orçamentárias, inerentes à política salarial e de recursos humanos praticada;
- Além da observação dos requisitos internos e externos na elaboração da política de remuneração da empresa, é necessário observar quais são os fatores exigidos para a manutenção e para a remuneração do empregado. Experiência, desempenho, mérito, que correspondem à contribuição do empregado para o desempenho organizacional, também devem ser considerados.

Planejamento sucessório

Não se pode misturar a questão salarial com a distribuição de renda entre herdeiros. Isso se faz com planejamento sucessório e governança corporativa.

Com o planejamento sucessório e programa de governança corporativa, é possível planejar a distribuição dos bens em vida, optando muitas vezes por uma discussão conjunta com os herdeiros, o que traz dois benefícios imediatos: economia de custos póstumos e redução de desgastes nos relacionamentos entre cônjuges, filhos e parentes.

Economicamente, essa opção propicia redução de 5 a 10% nos custos gerados por um inventário judicial, no qual são gastos, entre outros, de 4 a 8% em ITCMD (Imposto sobre Transmissão Causa Mortis e Doações de Quaisquer Bens ou Direitos), cerca de 1% em custas judiciais, além dos honorários advocatícios (percentual calculado sobre o total de bens, a ser combinado).

Quanto maior for o patrimônio, maior é a necessidade de planejamento. Essa premissa se confirma quando observamos as mudanças na estrutura familiar, ocorridas nos últimos anos, consolidadas no novo Código Civil e constatadas no dia a dia. É fácil dividir os bens quando se analisa uma estrutura simples – pai, mãe e filhos.

Porém, o cenário fica complexo se os pais estão no terceiro ou quarto casamento, com herdeiros provenientes de todas as uniões – uma situação mais comum nos dias atuais. Isso sem falar na questão da união estável.

De qualquer forma, a remuneração de um herdeiro no cargo deverá obedecer à política salarial aplicada pela empresa àquela posição hirárquica. Se o herdeiro for sócio, terá direito a pró-labore mensal.

Relações com os empregados

As relações com os empregados são estabelecidas por meio de programas para proporcionar saúde e segurança no trabalho, administração de conflitos e relacionamento com sindicatos.

O objetivo é desenvolver parâmetros de conduta e de ações que permitam o bom desempenho do empregado, de maneira ajustada às normas corporativas e, ao mesmo tempo, o oferecimento de condições plenas e favoráveis para que o empregado realize suas atividades.

Para minimizar os riscos, é necessário:

- O estabelecimento de políticas de movimentação de colaboradores. O fluxo de capital humano nas organizações é caracterizado por promoções, afastamentos por aposentadoria, desligamentos e transferências;
- Disciplina, estabelecendo regras de conduta por parte da organização e bases de ajustes e penalidades àqueles que não se enquadrarem nas normas;
- Conflitos, que, segundo Chiavenato (2009), significam a existência de ideias, sentimentos, atitudes ou interesses antagônicos e que podem se chocar. Não são, necessariamente, negativos. Se bem administrados, podem levar a aprendizagem e inovação.

No caso de empregados das empresas familiares, deve ser destacado que são fiéis às suas corporações, visto que muitos deles são considerados como parte da família. Uma das características dessas empresas é a estabilidade com que administram seus colaboradores e essa é uma característica positiva observada por eles.

É necessário, entretanto, que se estabeleça um programa de relações com empregados que permita desenvolver um compromisso maior entre o empregador e seus funcionários e vice-versa. Tudo que diz respeito a regras de conduta, padrões e normas de comportamento deve ser cumprido.

Sobre esse tema é interessante a contribuição de Poelmans et al. (2003) quando levantam a questão de políticas de Recursos Humanos voltadas para a adoção de práticas que sejam *family-friendly*, ou seja, práticas que possibilitem melhorar a relação entre empregado e família.

Tais práticas estão relacionadas à adoção de regimes de trabalho com horários flexíveis, trabalho em ambiente virtual, disponibilização de creches, suporte à senioridade, licença para cuidar de pessoas enfermas que sejam da família, licenças não remuneradas, acompanhamento psicológico e suporte a funcionários expatriados.

Os objetivos dessa política estão relacionados à inclusão de mulheres na força de trabalho, à diminuição do absenteísmo de maneira geral e ao aumento do comprometimento dos empregados. O estudo mostra que a adoção de práticas dessa natureza contribui para o aumento da força de trabalho feminina e do comprometimento dos funcionários como um todo, além da retenção de pessoas-chave na empresa.

Mensuração de resultados na área de RH

Será que é necessária a inclusão de mecanismos de avaliação de desempenho nas organizações? McLean (2005) define avaliação como um conjunto de atividades planejadas, voltadas para a captação de informações analíticas consideradas necessárias para prover os responsáveis pela gestão de uma avaliação satisfatória do progresso dos empregados.

A avaliação de desempenho deve estar calcada em:

- *Feedback* periódico do gestor;
- Formulário que permita o acompanhamento sistemático, por meio de um instrumento sistematizado e que promova a análise periódica de seu desempenho.

O formulário de avaliação de desempenho deve ser elaborado em consonância com a descrição e avaliação do cargo. Essa é a base para que a avaliação seja a menos parcial possível e mais vinculada às necessidades estratégicas da empresa.

A avaliação de desempenho pode ser:

- Tradicional – aquela em que o gestor avalia o seu subordinado. Em alguns casos, além da avaliação do gestor, o empregado também realiza uma autoavaliação;
- 360º – modelo de avaliação com a participação de todos os que mantêm, de alguma forma, contato frequente com o avaliado. Essa avaliação inclui a mensuração de desempenho de todos os subordinados e do gestor, podendo ser avaliador o colega, o subordinado, o funcionário de outra área da empresa que mantenha relação de cliente e/ou fornecedor interno e, excepcionalmente, pessoas externas que tenham contato frequente com o avaliado;

- *Balanced Scorecard* – instrumento de avaliação estabelecido no sistema da organização e que indica índices quantitativos que podem respaldar ações qualitativas (exemplo: tempo utilizado para atendimento ao cliente. Se o tempo ultrapassar o desejado, poderá ser indicado treinamento para qualificar e otimizar o atendimento). Gubman (2004) alega que muitas empresas entendem que, para aplicar o *Balanced Scorecard*, é preciso criar uma longa lista de indicadores numéricos. Isso cria uma série de problemas, em função da complexidade de mensurar numericamente alguns aspectos devido à inclusão de fatores que nada têm a ver com a estratégia da empresa. Na área de RH, muitas dessas medidas focam em questões de natureza complexa que não podem ser mensuradas em termos numéricos, tais como valores, diversidade e o potencial das técnicas de RH empregadas em termos de sua contribuição para a estratégia da empresa.

Independente das métricas adotadas, a questão que se coloca é que a mensuração de resultados é considerada importante fator para avaliação do alinhamento da área de RH à estratégia da empresa, uma vez que permite que os resultados sejam compartilhados dentro da organização, além de prover evidências da contribuição da área. Assim, apesar das diferenças identificadas entre autores, há concordância de que a área de RH é considerada fundamental para o sucesso futuro da organização e de que nos últimos anos o foco alterou-se de modo radical em direção à necessidade de justificar a contribuição direta para a realização das estratégias do negócio (Smilansky, 1997).

Nas empresas familiares, algumas vezes esse processo de avaliação e mensuração é relegado a um segundo plano. É comum observar a permanência de funcionários que tenham evoluído muito pouco profissionalmente, mas que de alguma forma continuam na organização, não por sua competência, mas porque se tornaram, depois de longo tempo de convívio, parte da família e pessoas de confiança.

Considerações finais

Para que uma empresa seja eterna, o primeiro passo não é contratar administradores profissionais que não pertençam à família. O fundamental é a atitude que a família assume diante da profissionalização.

Em um universo tão conturbado quanto as empresas familiares, é comum observar sobreposições de papéis, favoritismos, excesso de controle, de confiança e de segredos, envolvendo tanto os diversos grupos familiares, quanto os profissionais que com eles trabalham mais diretamente. Como resultado, observa-se a ausência de qualquer conceito de governança corporativa, com uma mentalidade totalmente distorcida e não direcionada a resultados efetivos, do ponto de vista empresarial.

As ferramentas de gestão de pessoas podem tornar a administração dos recursos humanos das empresas familiares um processo menos amador e mais adequado aos resultados exigidos pelo mercado. Não se pode esquecer que todas as ações corporativas são reflexos dos funcionários que atuam na empresa e a dinâmica de gestão deve estar respaldada pelo ajuste de todos os itens abordados anteriormente. Não é possível desenvolver qualquer ação de RH sem conciliar todos os fatores identificados de maneira interagente e interdependente.

O fato é que as empresas familiares existem e continuarão existindo. Assim, o importante é pensar em como ajudá-las a se tornarem mais fortes, saudáveis e profissionalizadas.

BIBLIOGRAFIA

ASHTON, Chris; HAFFENDEN, Mike; LAMBERT, Andrew. The "fit for purpose" HR function. Corporate Research Forum. **Strategic HR Review.** Vol.4, Iss. 1, Nov/Dec. 2004.

BARDIN, Laurence. **Análise de conteúdo.** Lisboa: Edições 70. 1996.

BARON, James N.; KREPS, David M. **Strategic human resources. Frameworks for general managers.** New York: John Wiley & Sons, Inc. 1998.

BERRY, Carolyn; GRIEVES, Jim. "To change the way we do things is more important than the certificate on the wall": Does investors in people represent an effective intervention strategy for organizational learning? **The Learning Organization.** Bradford: 2003. Vol. 3, Iss. 4/5, p. 294-304.

CAKAR, Figen; BITITCI, Umit S.; MacBRYDE, Jillian. A business process approach to Human Resource management. **Business Process Management Journal.** Bradford: 2003. Vol. 9, Iss. 2, p. 190-207.

CAMERON, Kim S.; QUINN, Robert E.; **Diagnosing and changing organizational culture: based on the competing values framework.** EUA: Addisson-Wesley Publishing Company, Inc. 1999.

CANTIDIANO, Luiz L.; CÔRREA, Rodrigo (orgs.). **Governança – empresas transparentes na sociedade de capitais.** Série APIMEC. São Paulo: Lazuli, 2004.

CARVER, John; OLIVER, Caroline. **Conselhos de administração que geram valor – dirigindo o desempenho da empresa a partir do conselho.** São Paulo: Cultrix, 2002.

COHN, Mike. **Passando a tocha. Como conduzir e resolver os problemas de sucessão familiar.** São Paulo: Ed. Makron Books, 1991.

DUFFUS, Lee R. The personal strategic plan: a tool for career planning and advancement. **International Journal of Management.** Poole: Jun. 2004. Vol. 21, Iss. 2, p. 144-148.

FISCHER, Kurt. Transforming HR globally: The center of excellence approach. **Human Resource Planning.** New York: 2003. Vol. 26, Iss. 2, p. 9-11.

GERSICK, Klein E.; LANSBERG, Ivan; DAVIS, John A.; HAMPTON, Marion M. **De geração para geração, ciclos de vida das empresas familiares.** São Paulo: Negócio, 1997.

GUBMAN, Ed. HR Strategy and planning: From birth to business results. **Human Resource Planning.** New York: 2004. Vol. 27, Iss. 1, p. 13-23.

GUEIROS, M. M. B. **Sucessão familiar: o caso de uma empresa transportadora na região metropolitana do Recife – uma visão dos dirigentes.** 1998. Dissertação (Mestrado em Administração), Universidade Federal de Pernambuco, Pernambuco.

HAIR, et al. **Multivariate Data Analysis** –5th Ed. Upper Saddle River: Prentice Hall, 1998.

HARVARD BUSINESS REVIEW. **Governança Corporativa.** São Paulo: Campus, 2003.

HOFSTEDE, Geert. Attitudes, values and organizational culture: distangling the concepts. **Organization Studies.** 1998. 19/3. p. 477-492.

HORWITZ, Frank M.; HENG, Chan Teng; QUAZI, Hesan Ahmed. Finders, keepers? Attracting, motivating and retaining knowledge workers. **Human Resource Management Journal.** London: 2003. Vol. 13, Iss. 4, p. 23-44.

INSTITUTO BRASILEIRO DE GOVERNANÇA CORPORATIVA. **O código brasileiro das melhores práticas de governança corporativa.** São Paulo: IBGC, 1999.

JACOBS, Robert Jake. Strategic HR: put yourself to the test. **Strategic HR Review.** Vol. 4, Iss. 1, Nov/Dec, 2004.

JAMROG, Jay J.; OVERHOLT, Miles H. Building a strategic HR function: Continuing the evolution. **Human Resource Planning.** New York: 2004. Vol. 27, Iss. 1, p. 51-62.

KAPLAN, Robert S. e NORTON, David P. **A Estratégia em Ação – Balanced Scorecard.** São Paulo: Campus, 1997.

KAPLAN, Robert S. e NORTON, David P. Utilizando o balanced scorecard como sistema gerencial estratégico, In **Medindo o Desempenho Empresarial,** São Paulo: Campus, 2000.

LAMEIRA, Valdir de Jesus. **A Estrutura de Capital das Sociedades Anônimas.** Rio de Janeiro: Editora Forense Universitária, 2001.

LAMEIRA, Valdir de Jesus. **Governança Corporativa.** Petrópolis: Vozes, 2002.

LAWLER III, Edward E.; MOHRMAN, Susan A. HR as a strategic partner: what does it take to make it happen? **Human Resource Planning.** New York: 2003. Vol. 26, Iss. 3, p. 15-29.

LODI, João Bosco. **A empresa familiar.** São Paulo: Pioneira, 1993.

LODI, João Bosco. **A ética na empresa familiar.** São Paulo: Pioneira, 1994.

LODI, João Bosco. **Governança corporativa – o governo da empresa e o conselho de administração.** Rio de Janeiro: Campus, 2000.

LODI, João Bosco. **Sucessão e Conflitos na Empresa Familiar**. Pioneira. São Paulo, 1987.

McCHARTHY, Alma; GARAVAN, Thomas; O'TOOLE, Thomas. HRD: Working at the boundaries and interfaces of organisations. **Journal of European Industrial Training.** Bradford: 2003. Vol. 27, Iss. 2-4, p. 58-72.

McLEAN, Gary N. Examining approaches to HR evaluation. **Strategic HR Review.** Volume 4, Issue 2, January/February 2005.

MILLMORE, Mike. Just how expensive is the practice of strategic recruitment and selection? **Irish Journal of Management.** Dublin: 2003. Vol. 24, Iss. 1, p. 87-108.

O'HARA, William T. e MANDEL, Peter. **The World's Oldest Family**

Companies, in http://www.cojoweb.com/ref-companies-worlds-oldest.html (acesso em 05/01/2012)

PAAUWE, Jaap; BOSELIE, Paul. Challenging "strategic HRM" and the relevance of the institutional setting. **Human Resource Management Journal.** London: 2003. Vol. 13, Iss. 3, p. 56-70.

PALTHE, Jennifer; KOSSEK, Ellen Ernst. Subcultures and employment modes: Translating HR strategy into practice. **Journal of Organizational Change Management.** Bradford: 2003. Vol. 16, Iss. 3, p. 287-309.

PETTIGREW, Andrew; SPARROW, Paul; HENDRY, Chris. The forces that trigger training. **Personnel Management.** Dec. 1988. 20,12.

POELMANS, Steven A.Y.; CHINCHILLA, Nuria; CARDONA, Pablo. The adoption of family-friendly HRM practices: Competing for scarce resources in the labour market. **International Journal of Manpower.** Bradford: 2003. Vol. 24, Iss. 2, p. 128.

RICCA, Domingos. **Da empresa familiar à empresa profissional.** São Paulo: CLA Cultural, 1998.

RICCA, Domingos. **Sucessão na Empresa Familiar: Conflitos e Soluções.** São Paulo: CLA Cultural, 2007.

SIMÕES, Paulo César G. **Governança corporativa e o exercício do voto nas S.A.s.** Rio de Janeiro: Lumen Juris, 2003

SMILANSKY, J. **The New HR.** London, UK: International Thomson Business Press. 1997.

STEIMBER, Herbert. **A dimensão humana da Governança Corporativa.** São Paulo: Gente, 2003.

TOULSON, Paul K.; DEWE, Philip. HR accounting as a measurement tool. **Human Resource Management Journal.** London: 2004. Vol. 14, Iss. 2, p. 75-90.

ULRICH, D. **Human Resources Champions – The next agenda for adding value and delivering results.** Boston: Harvard Business School Press,1997.